Historia de la Cocina
y de los Cocineros

Edmond Neirinck   Jean Pierre Poulain

Historia de la Cocina
y de los Cocineros

*Técnicas culinarias y prácticas de mesa en Francia,
de la Edad Media a nuestros días*

Prólogo de Ferran Adrià
Prefacio de Joël Robuchon

Traducción de Tabita Peralta

GRAN PREMIO DE LA ACADEMIA NACIONAL
FRANCESA DE COCINA

editorial
Zendrera Zariquiey

Colección dirigida por Carolina Zendrera
Traducción de Tabita Peralta
Diseño de la cubierta de Lluís Mestres
Prólogo de Ferran Adrià
Prefacio de Joël Robuchon

© De la publicación en lengua francesa LT ÉDITIONS J. LANORE,
   con el título *Histoire de la Cuisine et des cuisiniers*
© De la edición castellana:
   Editorial Zendrera Zariquiey, S.A.
   Cardenal Vives i Tutó, 59 - 08034 Barcelona - España
   Tel. 93 280 12 34 - email: czendrera@writeme.com
   Primera edición: Octubre 2001
   ISBN: 84-8418-036-0
   Depósito Legal: B-36.491-2001
   Fotocomposición: Isabel Pareja y Esther Carrillo
   Impresión: Industria Gráfica Frape, S.L.

Contenido

Prólogo

En los últimos decenios el panorama gastronómico español ha cambiado de forma radical. En pocos años hemos sido capaces de elevar nuestra cocina hasta niveles impensables y el nombre de grandes cocineros españoles ha transcendido nuestras fronteras.

Sin embargo, ante la euforia que nos embarga, pido comedimiento, seamos observadores ante la gastronomía del país vecino que aún puede desvelarnos grandes secretos.

La cocina francesa supo muy tempranamente sublimar la satisfacción de una necesidad física como es la alimentación y elevarse a la categoría de gastronomía. Grandes cocineros como Carême o Escoffier fueron quienes establecieron en el siglo XIX las bases de la cocina internacional que hoy se halla presente en las cartas de los restaurantes de todo el mundo. Otro hito importante se produjo en los años sesenta al iniciarse la *Nouvelle cuisine française*, el cambio de mentalidad que la acompañó permitió que en otras latitudes una serie de creadores desarrollaran a su vez su propio estilo.

Los españoles al igual que los franceses apreciamos una buena mesa en la que se sirven alimentos de calidad preparados con esmero y cariño por ello, esta HISTORIA DE LA COCINA Y DE LOS COCINEROS va dirigida a todos aquellos profesionales de la restauración que disfrutan pensando, preparando y sirviendo una buena mesa, y a todos aquellos comensales dispuestos a sentarse a ella, unos y otros disfrutarán conociendo los nombres y las circunstancias que contribuyeron a gestar una de las más reputadas gastronomías de nuestro tiempo.

Me satisface recomendar la historia de la cocina y los cocineros franceses pues me siento especialmente deudor de esta gastronomía. A raíz de un viaje por la Costa Azul francesa, asistí a un stage que impartía la Fundación Escoffier y descubrí qué era la creatividad en la cocina. Jacques Maximin, cocinero del hotel Negresco de Niza, la definió entonces de una forma absolutamente sencilla «es no copiar». Yo añadiré que para evitar copiar o lo que viene a ser algo igualmente triste, inventar lo que ya existe, conviene conocer. Conozcamos pues a fondo la Historia de la Cocina para luego, a ser posible, innovar y que se nos incluya en ella.

Ferran Adrià.

Prefacio

Siento una gran alegría al presentar LA HISTORIA DE LA COCINA Y DE LOS COCINEROS, fruto de la colaboración y de la investigación de dos cocineros, Edmond Nierinck y Jean-Pierre Poulain, que han elegido la enseñanza para transmitir sus conocimientos.

Esta obra servirá para colmar un vacío: es la respuesta a una necesidad. Se trata de un libro indispensable para todos los profesionales de la cocina y del restaurante o para cualquier persona interesada en la gastronomía. Va más allá de la anécdota, de la crónica y nos permite descubrir y conocer las razones de la evolución de la cocina. El estudio de la sucesión de los epifenómenos que constituyen nuestra historia culinaria revela que es una historia en perpetuo movimiento, como los modos de vida. Esta noción de cambio permite al cocinero acompañar e incluso preceder la innovación. Como precisan los autores «el pasado es la raíz del futuro».

Se trata de un trabajo serio y completo, pero no austero. Se lee como una novela: el deseo de conocer el capítulo siguiente nos mantiene en vilo. **Historia de la Cocina y de los Cocineros** es además un libro de referencia permanente, particularmente accesible, para conocer los nombres importantes y las etimologías, a veces misteriosas, de los platos.

Creo que el aporte de conocimientos que conduce a una dimensión cultural es esencial, tan indispensable para todo cocinero como para quienes consideran que el refinamiento gastronómico es el reflejo de una civilización.

En el museo del Compagnonnage de Tours, se puede leer esta hermosa divisa del filósofo griego Anaxágoras: «El hombre piensa porque tiene una mano». La reflexión y el acto son las dos condiciones para que la obra se vuelva obra de arte; para que la tarea traduzca la habilidad y la reflexión. A medida que los progresos técnicos aligeran las operaciones repetitivas y fastidiosas, se puede ampliar el espacio del pensamiento. La cultura proporciona el alimento indispensable al espíritu para adquirir una concepción personal. Es así como el cocinero se vuelve creativo, original. Y allí se sitúa su devenir en la nueva era, la era de la inteligencia.

La obra de mis dos colegas es una apertura hacia esta dimensión del cocinero cultivado. La ciencia libera el tecnicismo, la cultura libera el arte.

Joël Robuchon.

Introducción
A modo de aperitivo

La historia de la cocina se confunde con la de la humanidad hasta el punto de que los antropólogos contemporáneos consideran que la utilización del fuego para cocinar y la memorización de las técnicas culinarias son el verdadero punto de partida de la cultura humana.

El estudio de nuestros primos lejanos, los primates, demuestra la existencia de dos grandes modos de comportamiento alimentario que parecen coexistir aún en el hombre contemporáneo:
• el vagabundeo alimentario corresponde a la práctica de la rebusca, durante la cual el comedor consume, a medida de sus hallazgos, bayas, frutas, granos, animales pequeños, sin que la comida esté organizada de una manera rigurosa. Es la actitud de los pequeños primates arborícolas (que viven en los árboles). En los lunchs y el servicio a la francesa de los siglos XVII y XVIII se reactualiza esta estructura de comportamiento.
• el **comensalismo** alimentario supone, por su parte, la organización de un grupo centrado en la búsqueda de la alimentación (caza) o en su producción y protección (agricultura), con lo cual aparecen una división de tareas y una comida comunitaria. Esto corresponde al comportamiento de los grandes monos que habitan la sabana.

La prehistoria de la cocina es un tema apasionante que desborda ampliamente el marco de esta obra. Aquí nos limitaremos a clasificar las grandes descubrimientos técnicos que han permitido el desarrollo del arte culinario.

Comensal
Persona que come habitualmente en la misma mesa que una u otras personas.
Comensalismo
Comportamiento alimentario basado en las comidas realizadas en comunidad.

El fuego de cocina

El fuego constituye la primera etapa de la cocina. Por supuesto permite tostar, asar o incluso ahumar los productos de la caza, de la pesca o de la recolección. Y de esta forma modifica, afina o humaniza el gusto pero sobre todo, prolonga la conservación.

Para poder ampliar la paleta de los modos de cocción, había que inventar cacharros, utensilios que permitieran transmitir un calor más difuminado y recipientes en los cuales realizar cocciones en medio húmedo.

Esto sucedía mucho antes de la edad de Hierro. El antepasado de nuestras tostadoras o sartenes no es más que una simple piedra

**ARQUESTRATO
(Siglo IV antes de J.C.)**

Arquestrato nació en el siglo IV antes de J.C. en Gela, Sicilia, que en aquella época era griega. Era amigo de uno de los hijos de Pericles, brillante estadista ateniense. Contrariamente a ciertas afirmaciones, Arquestrato no era cocinero sino poeta y gran viajero, interesado por la gastronomía. Recorría el inmenso imperio de Atenas para estudiar con minuciosidad los alimentos y las cocinas regionales. Conocía el estrecho lazo que existe entre costumbres alimentarias y civilizaciones.
Al cabo de sus peregrinaciones Arquestrato publicó una obra cuyo título varía según los helenistas: «Gastronomía de Arquestrato» o «Gastrología». Este libro presenta en forma de estudio metódico y relata todas sus experiencias y descubrimientos. Por desgracia, sólo nos han llegado unos pocos fragmentos.
A pesar de sus inclinaciones golosas, Arquestrato siempre fue muy delgado, de allí proviene el dicho «ligero como Arquestrato».

lisa calentada al rojo vivo donde era posible cocinar facilmente, sin contacto directo con el fuego o sea sin riesgo de quemar, unas galletas compuestas de cereales, más o menos majadas y humidificadas.

Los primeros recipientes de cocción que podían contener agua y que ofrecían la posibilidad de realizar cocciones por ebullición eran una especie de odres de cuero o vasijas en las cuales se echaban las piedras previamente calentadas al rojo sobre el fuego; el calor que se acumulaba llevaba el agua a ebullición y permitía, renovando la operación, la cocción de ciertos alimentos.

La técnica se desarrollará enteramente con el descubrimiento de vasijas de tierra que se podían poner sobre el fuego y, sobre todo los recipientes de fundición o de hierro. Es así como aparecerán dos preparaciones culinarias fundamentales que fueron durante siglos la base de la alimentación humana: las sopas y las papillas de cereales.

Un descubrimiento fundamental: la fermentación

La conservación de los alimentos siempre fue, y sigue siendo, el problema central de la alimentación humana. Después de la cocción, la fermentación es el descubrimiento que revolucionará verdaderamente las costumbres alimentarias. En principio es un modo de conservación que permite consumir alimentos o bebidas tradicionalmente perecederos a corto plazo, utilizando de manera paradójica los mismos agentes que causan, habitualmente, su degradación. Es muy probable que este descubrimiento fuera realizado de manera empírica, sin que en la época pudiera explicarse su mecanismo racionalmente.

Sin embargo, la importancia de la fermentación no se reduce, ni mucho menos, a la conservación; también transforma completamente la textura y el gusto de los alimentos, ya se trate del zumo de uvas, de frutas o incluso de una mezcla de cereales y agua. En el caso de los cereales, la fermentación permite pasar de una galleta seca y dura a un pan levado y tierno. Con la fruta o los cereales se obtienen bebidas alcoholizadas, vinos, cervezas o «cervoises» que no solamente se conservan y son deliciosas, sino que además embriagan y refuerzan así la convivencia.

También es sorprendente su acción sobre la leche: a partir de un producto tan frágil y uniforme da nacimiento a una infinidad de quesos.

Los griegos y los romanos

A pesar de que el objetivo de nuestro libro sea solamente la cocina francesa, fieles a una tradición occidental que ve en la Grecia y en la Roma antiguas el origen de nuestra propia cultura, debemos decir dos palabras sobre la gastronomía y las artes de la mesa en la Antigüedad, aunque sólo sea para señalar los nombres célebres de Arquestrato en Grecia o Lúculo y Apicio en Roma.

La alimentación y la cocina en la Antigüedad están explícitamente organizadas a partir de criterios mitológicos muy precisos; los dioses, de Baco a **Como** confieren a los alimentos y a la comida en sí misma una dimensión ritual. Conviene tenerlo en cuenta cuando hablamos de **fiestas dionisíacas**, de bacanales o de orgías romanas; considerarlas solamente como prácticas de libertinaje sería ignorar su verdadera dimensión mística y religiosa.

En cuanto a los modos de cocción, los griegos y los romanos conocen tres grandes técnicas de base: el asado, el hervido y los guisos. Para ellos están simbólicamente jerarquizadas y su uso recuerda al mismo tiempo el estatuto de la humanidad y el sentido de su progreso. Efectivamente, «el orden que va desde el asado al hervido es a la vez temporal y cultural», nos explica Marcel Detienne, uno de los más eminentes especialistas del mundo griego, «el de una humanidad comprometida en un camino que va de lo malo a lo mejor y que recuerda así... que primero comió asados, antes de aprender el arte de los platos cocidos a fuego lento».

Se advertirá también la práctica constante de «cortar» el vino con múltiples productos que no dejan de sorprendernos como: el agua de mar, la pez, la resina, la cal o aún el polvo de mármol; así como el uso, excesivo para nosotros, de especias (práctica corriente en toda la Antigüedad y que durará hasta la Edad Media) sin olvidar el gusto particular de los romanos por el garum, un condimento obtenido gracias a la fermentación de las entrañas de pescado, que debía parecerse al Nuoc Mâm de la cocina china.

Pero no debemos olvidar que la gastronomía francesa es también heredera de la cocina gala, de su arte de los embutidos y de su cervoise.

Una vez marcados estos hitos, ya podemos pasar al estudio de la historia de la cocina y de los cocineros franceses. Sin embargo, el trabajo de cocina está indisociablemente ligado al servicio y a los modales en la mesa. Es cierto que la exigencia del servicio tiene repercusiones sobre los modales; por esa razón esta obra lleva como subtítulo «técnicas culinarias y prácticas de mesa en Francia desde la Edad Media a nuestros días».

Como
Dios latino de la gastronomía, que presidía todas las fiestas de la mesa en companía de Sileno.

Fiestas dionisíacas
Fiestas dedicadas a Dionisio durante las cuales se hacía gran uso del vino y que daban lugar a desbordamientos sexuales. Las bacanales, fiestas dedicadas al dios Baco, eran la versión romana de las fiestas dionisíacas.

LÚCULO
(106 antes de J.C.- 39 antes de J.C.)

Lucius Lucinius Lucullus nació hacia 106 antes de J.C. en una familia consular romana. Estudió letras, filosofía y estrategia de la guerra. Capaz, inteligente, fue un temido general que condujo victoriosamente numerosas expediciones, especialmente contra Mitrídates, rey de Partos. Como muchos otros generales, tuvo que hacer frente a la revuelta de sus soldados, lo cual le obligó a volver a Roma. Durante todas estas campañas amasó una enorme fortuna.

Lúculo utilizó esta riqueza para construir una leyenda de abundancia y lujo. En Roma, hizo diseñar los más hermosos jardines de la ciudad; éstos llevaron su nombre «Horti Lucullam». En Tusculum, donde residía en verano, reunió una gran cantidad de obras de arte. Y en Nápoles construyó un acueducto, para alimentar sus viveros con agua de mar.

Cada salón de su residencia romana tenía un mobiliario, un servicio y una cocina personalizados y estaba dedicado a una divinidad diferente. Según la importancia de sus invitados o la estima que deseaba testimoniarles, Lúculo los recibía en una u otra sala.

En estos suntuosos festines participaban Cicerón, Pompeyo o Catón y en ellos, Lúculo gastaba sumas enormes. Por eso su nombre sigue siendo sinónimo de riqueza y, por otra parte, numerosas recetas de cocina clásica a base de trufa y foie gras llevan ese nombre ilustre.

Al parecer su muerte se debió a la absorción de un filtro de amor mal dosificado. Tenía 67 años.

APICIO
(entre 91 antes J.C. y 192 de nuestra era)

Como los tres mosqueteros, serían cuatro, pero romanos esta vez, quienes llevarían el nombre ilustre de Apicio. La escasez de informaciones nos obliga pues a la mayor prudencia sobre fechas y datos.

Los cuatro Apicio vivieron bajo el imperio romano en una época que iría de Lucius Cornelius Sila (91 antes de J.C.) hasta Comodo en 192 de nuestra época, pasando por Tiberio, Nerón y Trajano.

Ningún lazo de parentesco reconocido uniría a estos cuatro romanos. Pero su apego a las artes de la mesa constituye, su denominador común.

Si un Apicio contemporáneo de Trajano (98-117 de nuestra era) inventó un método para conservar las ostras frescas, el más célebre de ellos es sin duda Marco Gavio Apicio que vivió bajo el imperio de Nerón. El gran filósofo Séneca, consejero de Nerón, lo cita en sus escritos.

Gran gastrónomo, Apicio empleó numerosos cocineros y creó recetas que son la prueba del perfecto dominio técnico y un gran refinamiento. Preocupado por la calidad de los productos utilizados, engordaba las cerdas con higos secos y vino con miel (método que se utilizaría más tarde para cebar las ocas).

Como deseaba transmitir sus conocimientos culinarios, el gran Apicio abrió una escuela de cocina y también escribió una obra culinaria *L'Ars Magirica* todavía conocida con el nombre de *De Re Coquinaria*. Se trata de la obra más antigua que nos haya llegado. Apicio relata en ella las bases de la cocina de la época. Nos enseña las particularidades de la cocina romana: gran utilización de hierbas aromáticas, asociación salado/dulce, sazonamiento al garum. Al igual que Nerón que tras incendiar Roma organizaba festines legendarios en la Casa de Oro, el gran Apicio invitaba «lo más selecto de Roma» a banquetes y recepciones. Así gastó sumas enormes. Al constatar un día que sus recursos no le permitían mantener estos fastos, invitó a sus amigos a una última comida y se envenenó.

La edad media
El reino de Taillevent

La historia de la cocina francesa comienza al final de la Edad Media con un personaje que aparece como el primer «gran chef»: Guillaume Tirel, llamado Taillevent.

Hasta entonces, la cocina se trasmite de maestro-obrero a aprendiz según una tradición oral. Taillevent será uno de los primeros en codificar su cocina en libros, en una época en la que todavía no se había descubierto la imprenta. Así, gracias a su trabajo, disponemos actualmente de las recetas que se consumían en la mesa de Carlos VI, hacia el final del siglo XIV.

Lápida de Taillevent

TAILLEVENT
(1310-1395)

Taillevent constituye una etapa muy importante en la historia de la cocina francesa.
Su verdadero nombre era: Guillaume Tirel. Taillevent nació hacia 1310 en Pont-Audemer en Normandía y murió hacia 1395. Fue enterrado en el cementerio de Hennemont en Yvelines.
Taillevent realizó toda su carrera culinaria, y quizás militar, al servicio de la Corte de Francia.

-1326-1346: es pinche de cocina (aprendiz), luego queux (cocinero) para Jehanne de Evreux.
-1346-1350: cocinero de Felipe VI de Valois
-1350-1368: escuyer de cocina (Chef) del Delfín, el Duque de Normandía.
-1368-1371: maestro cocinero y Maestro de Guarnición de Carlos VI.

Este último cargo demuestra el nivel que había adquirido Tirel. Sus responsabilidades sobrepasaban ampliamente las obligaciones de un jefe de cocina y cubrían la Bodega, la Panetería y la Frutería. Sobre todo, tenía a su cargo el cuidado de la orfebrería, verdadero tesoro que sólo se exponía en los festines; vigilaba la fabricación del pan y la manipulación del vino para evitar la inclusión de veneno, práctica corriente en aquella época.
Taillevent debe su fama sobre todo a la obra *Le Viandier* de la que sería el autor (discutido). Ese primer libro manuscrito en francés nos informa de la renovación de la cocina, especialmente de la importancia que se daba a las salsas y a las especias. Hay que recordar que en esa obra ya seencuentran palabras que se usan actualmente: *habiller, appareiller* (1) ...
Numerosas indicaciones nos permiten suponer que Taillevent era alquimista. Así, en su libro se encuentran numerosas faltas de ortografía y frases incomprensibles que parecen haberse perpetuado de reedición en reedición.
No olvidemos que los textos alquimistas a menudo estaban escritos de esta manera. Por otra parte, el escudo de armas grabado sobre su lápida, encontrada en el cementerio de Henne-Mont, representan tres calderos, tres rosas arriba y tres rosas abajo, símbolos claramente alquimistas.

---

(1) N. de la T.: *habiller*, vestir; en cocina, son pasos previos a la cocción de aves, caza menor o pescados, *appareiller* es el arte de combinar varios productos.

La mesa

Una comida en tres servicios

Pero ¿Cómo es, en realidad, esta cocina de la Edad Media? Vamos a analizar un menú. Por ejemplo, el que Taillevent en persona sirvió a Monseñor de Estampes.

Primer servicio
Capones al **brouet** de canela
Gallinas a las hierbas
Coles nuevas y luego la caza

Segundo servicio
El mejor asado
Pavos reales al apio tierno
Paté de capones
Lebrato con vinagre rosado y
Capones al mosto Jehan

Tercer servicio
Perdiz a la trimolette
Pichones estofados
Paté de caza
Gelatinas y **Lesches**

Cuarto servicio
Pasteles
Crema frita
Patés de peras
Almendras bien dulces
Nueces y peras crudas

Brouet
Caldo claro

Lesches
Tajadas de carne

En primer lugar nos asombra la multiplicidad de platos. ¡Qué apetito!, pensamos. De hecho, y para comprender la composición y la organización de una comida, desde la Edad Media hasta la mitad del siglo XIX, conviene explicar lo que era el servicio a la francesa, durante el Antiguo Régimen.

Se advertirá en este menú que la expresión servicio (Primer servicio, Segundo servicio, etc...) corresponde a momentos diferentes de la comida. Para el primer servicio se coloca sobre la mesa un conjunto de platos; los invitados comen lo que desean, sirviéndose y cortando los manjares ellos mismos. Trinchar los alimentos permite a la nobleza de espada mostrar sus habilidades en la mesa.

Tras el primer servicio, se levanta la mesa y se vuelve a poner para otra serie de manjares llamada segundo servicio y así sucesivamente para los distintos servicios de la comida.

En esas grandes comidas, en el momento de despejar la mesa, artistas, malabaristas, cantantes (trobadores o troveros), bailarines, animan el tiempo muerto que separa dos servicios: se trata del entremés.

Si bien a partir del Renacimiento, una comida comprende tres servicios, dos para la cocina y uno para el postre, al final de la Edad Media podía haber cuatro, cinco o incluso seis.

Por eso, la lista de platos servidos en una comida a la francesa no puede considerarse como un menú contemporáneo; cada comensal no consume obligatoriamente una parte de cada plato. A lo sumo, picotea un poco de todo.

Las recetas de aquella época no están, por otra parte, redactadas de manera que se puedan multiplicar los ingredientes para adaptarlos al número de invitados, sino que corresponden a la utilización del elemento de base: la liebre, el cordero, el pollo, etc... Cuando un banquete cuenta con un gran número de invitados, se aumenta, simplemente, el número de platos de cada servicio.

Ni platos, ni tenedores, ni servilletas

En Francia, hasta el siglo XIV, no se conoce el plato. Para los alimentos líquidos se utiliza una escudilla, en general una cada dos personas, como lo demuestra esta nota del *Ménagier de Paris* que deseando precisar que una mesa había recibido 16 cubiertos, indica: «La comida fue de 8 escudillas».

O esta descripción de una magnífica comida en la novela de Perceforet:

«Hubo casi ochocientos caballeros sentados a la mesa y no hubo ninguno que no tuviera dama o doncella para su escudilla.»

En cuanto a los alimentos sólidos, se utilizaba un grueso trozo de pan, cortado en rodajas, el pan-tajo, llamado todavía tajo de cortar la carne o tajadero. Si bien se dispone de utensilios de mesa como los cuchillos y las cucharas, el tenedor no se utiliza todavía y para comer se usan los propios dedos. Como por otra parte, no se había inventado aún la servilleta, el mantel, siempre con caída muy larga del lado de los comensales, servía para limpiarse los manos. Los manteles se disponían en doble espesor.

En la mesa de los príncipes y los reyes, se distinguía la presencia de una nave, un vaso de forma alargada parecido a un navío, de metal precioso y adornado con pedrería. Cerrado con un candado entre las comidas, encerraba los cubiertos del rey y, sobre todo, algo muy apreciado por aquel entonces, las especias.

Los cuchillos, en realidad, son con frecuencia dagas o puñales, es decir simultáneamente armas y utensilios de mesa. Las piezas de carne, a menudo animales asados y servidos enteros, los corta el dueño de casa, el anfitrión, con la espada. El mayor honor que se puede proporcionar a un invitado de alto rango a quien se desea valorizar es invitarlo a trinchar. En la sociedad caballeresca donde el poder se conquista por medio de las armas, esta práctica que supone un gran dominio en el uso de la espada es una manera de mostrar y poner en primer plano las cualidades gracias a las cuales se ha conquistado una posición social.

Visitemos las cocinas

Antes de interesarnos detalladamente por las recetas de Taillevent, vayamos a visitar su cocina para comprender cómo trabajaba, tomemos como guía a Viollet-le-Duc, uno de los mayores especialistas en historia de la arquitectura. (1)

«En las habitaciones de la Edad Media las chimeneas eran amplias y altas, un hombre podía, generalmente, estar de pie sin agacharse, y diez o doce personas podían colocarse alrededor del hogar. En el interior de esas chimeneas había fuertes morillos de hierro, llamados caballetes de hierro, para sostener los enormes leños que se echaban en el hogar e impedir que rodaran por la habitación.

Había morillos de cocina y morillos de apartamento; los primeros eran muy complicados en cuanto a su forma, ya que estaban destinados a varios usos. Sus brazos estaban adornados con soportes o ganchos para recibir los espetones, y su cabeza se agrandaba en forma de pequeño calienta-platos para preparar algunos manjares o simplemente, para mantener los platos calientes.

En las cocinas, el uso de los fogones divididos en varios compartimentos no era frecuente como en la actualidad. Los alimentos se cocinaban sobre el fuego de la chimenea y se puede comprender facilmente que esos hogares ardientes no permitieran guisar ciertos platos que había que remover durante la cocción, o que se preparaban en pequeños calderos.

Los infiernillos llenos de brasa, en la parte alta de los morillos, se encontraban a la altura de la mano y fuera del fuego de la chimenea, para facilitar la preparación de esos platos. A veces, la cabeza de los morillos se dividía en dos calienta-platos, y de esta manera se podían preparar y guisar un total de cuatro platos fuera del hogar. Dentro, se suspendían una o varias marmitas por medio de llares y trébedes so-

Vista exterior de la cocina de la abadía de Fontelvrault

(1) Sobre la arquitectura de las cocinas en la Edad Media, ver igualmente Michel Melot: *L'Abbaye de Fontevrault*, ed. Laurens 1986, que presenta varios ejemplos de cocinas del siglo XII.

bre los cuales giraban uno o dos espetones con varias piezas. Una chimenea bastaba para preparar una comida abundante...

Los arquitectos del siglo XIII comenzaron a instalar en las cocinas hornillos y también mesas para decorar los platos antes de servirlos. A partir del siglo XIV las salsas se empiezan a utilizar con abundancia en el arte de la cocina. Y en este momento, se perfeccionan cada vez más los utensilios fijos de cocina.»

Se puede constatar que la cocina de la Edad Media carece de horno y de fogón. Hay que matizar esta afirmación, ya que todas las viviendas nobles o burguesas poseen un horno de pan muy utilizado por los cocineros para las tortas y los flanes. Por otra parte, como indica el mismo Viollet-le-Duc, a partir del siglo XIII aparecen los «fogones», una construcción de ladrillos con huecos llenos de brasas sobre los que se colocan las marmitas.

Comparado con nuestras cocinas actuales, este gran equipamiento cuenta con un material bastante rudimentario.

Para empezar, sartenes y cazos, cacerolas de mango muy largo, calderos de tres pies, antepasados de nuestras ollas, tarteras en las que se cuecen tartas o patés, y por fin, grandes marmitas de latón con asas que se enganchaban en la chimenea, que adquieren en francés, el nombre genérico de *dinanderie* porque, como cuenta Philéas Gilbert (1) «Dinant (ciudad de Bélgica) estaba especializada en su fabricación».

Saint-Benoît en la mesa, grabado del siglo XV.

(1) Cocinero e historiador, discípulo de Escoffier.

Una brigada impresionante

En esta cocina se ocupaba una brigada de más de 150 personas. He aquí, por ejemplo, como se componía la brigada que dirigía Taillevent cuando estaba al servicio de Carlos VI, en 1385.

Panetería
1 primer panetero
1 primer mozo cortador (encargado de los tajos y de los saleros)
5 mozos cortadores
3 oficiales, 3 sumilleres
3 portadores de soportes
5 ayudantes o mozos de manteles
1 pastelero *oublieur*
1 *bachouer* (lleva los caballos cargados de pan)
1 lavandero (asegura el lavado de los manteles)

Echansonnerie, Bodega
1 primer escanciador, 8 escanciadores
4 oficiales, 7 sumilleres, 3 barrileros
3 guarda-arcas
10 ayudantes
1 notario, 1 cochero

Cocina
11 reposteros, entre ellos Taillevent
1 primer *queux* (Jefe de cocina)
5 cocineros, 3 oficiales, 3 ayudantes
5 asadores, 4 encargados de las sopas, 1 pescatero, 2 salseros,
5 sopladores
2 responsables del fuego y los leños
6 pinches de cocina
2 notarios
1 moledor de mortero
4 cargadores de agua
1 cazador encargado de la caza de conejos con hurón
7 mozos de servicio de escudilla, 1 recogedor de escudilla
4 mozos de salsería (dependiente salsero), 1 guardián de salsería
2 criados de caldera
1 cochero

Frutería
1 primer frutero, 5 fruteros, 3 oficiales
3 sumilleres
1 guarda-frutas
2 **calienta-cera**

Oublieur
Tiene a cargo la fabricación de *oublies* «olvidos», pastelillos en forma de ostia cocidos entre dos hierros.

Echansonnerie
Parte afectada al servicio de las bebidas.

El calienta-cera
Se ocupa de las operaciones de conservación de las frutas, especialmente de cubrir los rabos o los escobajos con cera.

Un número de técnicas de cocción limitado

Tras esta rápida visita a las cocinas, se comprende mejor la razón por la cual las recetas de esta época sólo utilizan cuatro modos de cocción: el asado, el hervido (cocción con agua en abundancia), la fritura y el braseado. Si la práctica de los tres primeros parece clara, conviene por el contrario explicar la cuarta. En realidad, Taillevent no utiliza nunca la palabra brasear, pero cuando se miran atentamente sus recetas de potajes, se ve que se trata más bien de carnes braseadas o de estofados. Algunas sopas ligantes adquieren, por otra parte el nombre de «civé» como «civé de pajaritos» o el «civé de liebre».

Si la utilización del horno se limita a la cocción de las tortas, Taillevent explica cómo cocinar los patés, moldeándolos entre dos tarteras que se meten entre las brasas de la chimenea.

Carnes hervidas antes de asar

Al hilo de las recetas de *Le Viandier*, se descubre una práctica que no deja de sorprender al cocinero contemporáneo, la que consiste en hacer hervir las carnes antes de asarlas. Esta práctica se mantendrá en uso hasta finales del siglo XVIII.

¿Cuál es la utilidad de esta técnica?

En realidad, presenta ventajas a la vez técnicas e higiénicas. En esta época, aún no se sabe producir frío industrialmente y las carnes se conservan suspendiéndolas en los sótanos o en fosas practicadas para este uso. Sin embargo, con frecuencia se guardan en el interior de la cocina, es decir a temperatura ambiente, de 15 a más de 30º según la estación y, además, habría que tener en cuenta el calor que se desprendía de los hornillos. Numerosas son las ilustraciones de interiores de cocina, donde se ven colgadores cargados de aves, caza y cuartos de carne.

En aquella época, las carnes (sobre todo rojas) no se comen frescas; hace falta que se asienten y lleguen a maduración, ocho a diez días después de la matanza. La maduración sería el resultado de un conjunto de fenómenos complejos que se producirían simultáneamente en una zona de temperatura óptima comprendida entre 3 y 6º.

En esas condiciones de conservación tradicional, sin nevera, se opera una proliferación microbiana de superficie, que desnaturaliza el gusto de la carne y la deja pegajosa, casi viscosa. El cocinero se encuentra entonces frente al siguiente dilema: utiliza la carne rápidamente y en ese caso, el desarrollo de los gérmenes de superficie no es suficientemente importante para desnaturalizar el sabor, pero obtendrá una carne dura ya que el enternecimiento debido al reposo no habrá tenido tiempo de producirse. O bien, deja reposar la carne para obtener un máximo de ternura, pero corre el riesgo de obtener un producto con mal gusto y lo que es más grave aún, susceptible de provocar una intoxicación alimentaria.

En estas condiciones la práctica de blanquear la carne antes de asarla supone beneficios reales:

• supone una pre-cocción que evita un largo desecamiento, cuando se la asa y deja una carne más melosa, compensando así la poca maduración.

• Y, sobre todo, evita la desnaturalización aromática provocada por la proliferación microbiana de superficie.

Durante el asado, la acción brutal del fuego coagula las proteínas, en el exterior de la pieza de carne, formando una costra estanca y enviando hacia el centro del trozo la sangre y el líquido linfático que irrigan las células de la superficie. Al hacerlo, la sangre y el líquido linfático arrastran con ellos los aromas parasitarios y comunican el «mal gusto» al conjunto de la pieza de carne.

Cuando se la blanquea, el agua caliente coagula también las proteínas de superficie encerrando los jugos en el interior de la pieza, pero al mismo tiempo, lava la parte superficial de la carne y elimina así el mal gusto (el agua, por otra parte, no será utilizada).

La verdadera función del blanqueo de la carne es limitar los perjuicios del reposo.

Las salsas de la Edad Media, ácidas y picantes

En las obras de la Edad Media (1) las salsas tienen casi siempre como base líquidos de sabor ácido: vinagre, *moust*, «**agraz**», zumo de limón, de naranjas o de grosellas, etc... en los cuales se disuelven o simplemente se ponen en suspensión cierto número de elementos aromáticos, de los que Taillevent nos proporciona la lista: jengibre, canela, clavo de olor, **granos del paraíso**, pimienta larga, **macis** , especias en polvo, flor de canela, azafrán, noys mugartes (2) (nuez moscada), plantas aromáticas: ajo, perejil, cebolleta... y azúcar o miel, consideradas en aquella época como especias.

A pesar de que las recetas de entonces son muy rudimentarias en cuanto a la escritura, e implican que el lector conozca las técnicas (están escritas por y para los profesionales de la época); algunas expresiones frecuentemente utilizadas como: «*canelle grant foizon*» en la receta de la **Cameline** de *Le Viandier* de Taillevent muestra que los cocineros utilizaban las especias con generosidad.

Agraz
Zumo de uvas verdes

Granos del paraíso
Pimienta africana (mencionada por Plinio: "Historia Natural", XII) más conocida con el nombre de malagueta.
N. de la T. : algunos autores se preguntan si no era cardamomo.

Macis
Cáscara de la nuez moscada.

Cameline
Salsa a base de canela..

_____

(1) Los principales: G. Tirel, llamado Taillevent: *Le viandier* s. XIV. *Le Ménagier de Paris* finales del siglo XIV, Platina: *De honesta voluptate*, s. XV; *Le livre fort excellent*, primera mitad del siglo XVI.
(2) *Le Viandier*, manuscrito B.N. pág. 34.

Le Ménagier de Paris una apasionante visión de la vida cotidiana.

Por otra parte, la lista de éstas no parece ser demasiado estable, en numerosas recetas, los autores nos dicen «...y algunos ponen....» y sigue una lista complementaria. Lo importante es que haya especias, no importa cuáles sean.

La salsa se liga a veces con «pan mojado» o yemas de huevo, pero no hay casi materias grasas; la trabazón con *roux* no se ha descubierto todavía. Las salsas de la Edad Media eran mezclas ácidas, fuertemente especiadas, que se consumen con las carnes asadas o en las que se sumerge un trozo de carne o de pescado. Nuestra mostaza, que por otra parte es una de las raras salsas de esta época que ha sobrevivido, es un buen ejemplo.

Las especias: ¿enmascaramiento gustativo, un signo de distinción social o dietética?

¿Por qué tantas especias en la cocina medieval?

Hay tres tipos de explicación y pueden ser complementarias. La primera es de orden sociológico.

La cocina culta utiliza las especias porque son caras y como vienen de un oriente mítico están simbólicamente valorizadas. Su precio demuestra el desahogo material de quien las consume, la ausencia de necesidad. Indican la posición social del que come.

Las dos otras explicaciones son de orden técnico y gastronómico. La segunda es la más controvertida. Las especias podrían haber tenido un papel de enmascaramiento gustativo y de conservación. Gracias a los sabores fuertes, habrían atenuado o escondido el mal gusto de las carnes conservadas en condiciones más o menos correctas, o los defectos gustativos de los pavos reales o cisnes «revestidos» con sus plumas. Algunos historiadores de la alimentación, y no cualquiera, puesto que se trata de Jean Louis Flandrin (1), rechazan esta hipótesis en base a tres argumentos:

1. La reglamentación municipal de la época prohibía la venta de carne más de tres días después de la matanza en invierno y de un día en verano.

2. Las carnes de la Edad Media se comían más frescas que hoy. Dan fe de ello los trabajos de Louis Stouf relativos al comercio de carnicería en Carpentras, que demuestran el hecho de que las carnes de carnicería se vendían casi todas el día de la matanza.

3. Las técnicas de conservación medievales eran esencialmente la sal, el vinagre, el aceite y las especias.

Recordemos que la expresión «pagar en especias» refleja una época en la que las especias eran tan caras que se consideraban como una moneda de cambio.

(1) Jean Louis Flandrin *Assaisonnement, cuisine et diétetique*, en Flandrin y Montanari, 1996. *Histoire de l'Alimentation*. Fayard.

Que las carnes sean vendidas el día de la matanza o incluso tres días más tarde no constituye una prueba de su consumo inmediato. La organización de las cocinas, especialmente con los ganchos para las piezas abiertas en canal, hace pensar que la carne se conservaba en la cocina. La técnica del blanqueado antes del asado puede constituir, como acabamos de ver, un indicio claro. Nos parece que la argumentación de Jean Louis Flandrin, especialmente con la utilización de expresiones fuertes casi caricaturales como «carnes podridas» o «gusto infecto» nos lleva a combatir la idea según la cual la cocina medieval sería una cocina grosera o desprovista de refinamiento. En ese punto estamos de acuerdo, pero refinamiento y técnicas de enmascaramiento no son contradictorias.

En fin, que las especias no sean explícitamente consideradas como una forma de conservación no excluye el hecho de que puedan haber jugado un papel antiséptico o profiláctico, en el momento del consumo y de la digestión.

La tercera razón de la utilización masiva de especias podría ser dietética y terapéutica. Bruno Laurioux demostró que, en principio, todas las especias importadas a Europa lo fueron por sus virtudes medicinales. El argumento se apoya en el hecho de que a cada especia se atribuye cualidades terapéuticas en el discurso médico de la época. Queda por preguntarse como sugiere Flandrin, si cuando se utilizaban las especias en la cocina se hacía por razones médicas o con fines gustativos. En cuanto al final de la Edad Media, el análisis de varias versiones manuscritas del Viandier de Taillevent que nos han llegado, incita a la prudencia, porque la lista de especias en una misma receta varía de una versión a otra. La expresión con la que acaban con mucha frecuencia las recetas «especias en profusión» deja pensar que las especias en cantidad eran la regla principal. Si bien esto no excluye que hayan podido jugar un papel en la dietética de la época, parece difícil que Taillevent haya puesto en práctica una ciencia de las especias muy sofisticada. Más que opuestas o excluyentes, estas tres explicaciones nos parecen no sólo compatibles, sino también complementarias.

Salsas sin materias grasas

Una segunda pregunta se plantea entonces: ¿por qué tan pocas materias grasas? (1)

¿Era por economía o porque los cuerpos grasos, que en aquellos tiempos tenían otros usos aparte de los alimentarios, eran raros y caros?

Seguramente que no, ya que es evidente que los que poseían los medios para sazonar sus platos con azafrán, nuez moscada o canela... podrían haberlos consumido con salsas ricas en mantequilla o en aceite. No es por necesidad que los ricos de la Edad Media comían sus asados y sus hervidos con salsas sin grasa, ¡sino por gusto!

Ya que, contrariamente a las especias que por su poder pueden esconder un sabor, las materias grasas fijan los aromas volátiles y exaltan el gusto propio de un producto.

---

(1) Para un estudio más completo se puede ver:

J. L. Flandrin : *Le goût et la nécessité sur l'usage des graisses*. Amates ESC 1983.

y J.P. Poulain: *Anthroposociologie de la cuisine et des manières de table*, Tesis del doctorado de sociología, mayo 1985.

Alimentos nobles

Cuando se leen las recetas de *LeViandier* el cocinero del siglo XX se sorprende por la naturaleza misma de los alimentos: por supuesto que se encuentran la ternera, el buey, el cerdo, las aves de corral... pero también y en gran cantidad, piezas de caza, cisnes, pavos reales, cigüeñas, garzas, gansos, cormoranes, grullas, chorlitos...

El noble del Antiguo Régimen tiene dos actividades principales: la guerra y la caza. La caza, por otra parte, está prohibida a los campesinos y a los siervos. Si es tan aficionado al producto de la caza es porque lo considera como un alimento apropiado a su rango. El animal salvaje, como el noble, nace libre y ese privilegio lo convierte en digno de ser consumido por él.

Estos animales, por lo general, se asan enteros y así se sirven en la mesa. Las grandes aves, como por ejemplo los cisnes, faisanes, pavos, cigüeñas, se cortan en trozos, se asan y se sirven en la sala cubiertos con sus plumas.

Octubre, Les Vendanges, grabado, Italia siglo XV.

El renacimiento
La renovación de la mesa

La gloria y la influencia de Taillevent superarán ampliamente el siglo XIV. El *Viandier*, que sólo era un manuscrito poco conocido tendrá, desde el descubrimiento de la imprenta, numerosas ediciones, desde el final del siglo XV hasta comienzos del siglo XVII. Es el caso también de otros libros medievales, como *Grand cuisinier de toute cuisine* (Gran cocinero de todas las cocinas) cuyo primer manuscrito data de 1350 que conocerá múltiples reediciones bajo la batuta de Pierre Pidoulx de 1540 a 1620, o también el *De honesta voluptate* de Platino de Cremona (noble italiano), escrito en latín en 1474 y cuya primera edición francesa aparecerá en Lyon en 1505.

La familia Forget: una comida del siglo XVI.

El éxito de esos libros, que se prolonga durante casi 200 años, demuestra que la cocina del Renacimiento es aún muy medieval: cantidades importantes de especias, salsas aciduladas, gusto pronunciado por la caza... De hecho, el verdadero espíritu de la cocina francesa no ha nacido todavía.

Hasta el siglo XVII, las prácticas alimentarias de la aristocracia europea son prácticamente idénticas. Se puede hablar sin duda, de una europeización de la cocina de esta época. Los mismos platos, el mismo servicio, tanto en la corte de los reyes de Francia, en la mesa del príncipe de un land del Santo Imperio Romano Germánico o incluso en los castillos de nuestros nobles de provincias.

Pero también es cierto que, durante estos años de estabilidad en las prácticas alimentarias, se pueden advertir ya algunos cambios que anuncian el próximo nacimiento de una cocina más refinada.

Los principios de la urbanidad

En 1530, Erasmo de Rotterdam publica una obra titulada *De civitate morum puerilum* que se puede traducir como *De la educación de los niño*s, que trata de la urbanidad, es decir de la manera de conducirse en sociedad. Dedica un largo capítulo a las maneras de comer. Traducido en varias lenguas europeas, esta obra conocerá un amplio éxito. Para Norbert Elias (1), la aparición del término urbanidad es la expresión y el símbolo de una transformación de la realidad social y contituye la espina dorsal de la sociedad de la corte. La urbanidad abarca un conjunto de prescripciones que permiten orientar el comportamiento del hombre en sociedad, sobre todo, pero no exclusivamente: *externum corporis decorum*, entiéndase también las apariencias exteriores del cuerpo, las maneras de mostrarse, de actuar en público. Este libro inaugura una tradición literaria que conocerá un éxito ininterrumpido durante muchos siglos: los manuales de buenos modales y de mundología.

El objetivo de la urbanidad, nos dice Erasmo, es distinguir «las capas superiores de las capas inferiores» de la sociedad. Los modales, y en primer lugar los modales en la mesa, que tratan del cuerpo y controlan la incorporación alimentaria, se-

---

(1) Norbert Elias, "La Civilisation des mœurs", 1939.

rán el objeto de prescripciones al servicio de la distinción social. Ese fenómeno atañe a diversas nacionalidades que se expresan en una lengua común, el italiano primero y luego el francés, lenguas nuevas que asumen desde entonces las funciones del latín. Esas lenguas nuevas y esta nueva realidad social que es la urbanidad, traducen en el Renacimiento, una unidad social europea.

Se advierten muchas tendencias que marcan los ejes del desarrollo de los modales en la mesa y que constituyen un elemento central del «proceso de civilización».

La importancia del individualismo

Los utensilios de mesa, platos, cubiertos, vasos se multiplican y dejan de compartirse. Beber en el mismo cáliz que su vecino o compartir una misma escudilla se convierten en prácticas molestas. En la mesa, la frontera entre lo colectivo y lo individual se deja ver de manera precisa. Erasmo explica, por ejemplo, que es particularmente grosero proponer a otro comensal un trozo de carne que ya se tiene en el plato o, peor aún, que se ha llevado a la boca. El funcionamiento del cuerpo en público se convierte en objeto de prohibiciones cada vez más precisas. Está prohibido sonarse en el mantel, escupir en el suelo y forzarse a vomitar. Todavía es posible eructar en público pero pronto ese gesto de bienestar digestivo será considerado terriblemente grosero.

El alejamiento del asesinato alimentario

El uso de dagas y puñales, al mismo tiempo armas y utensilios de mesa, desaparecerá en beneficio del cuchillo de mesa reservado a un uso alimentario. Trinchar con la espada continuará practicándose pero será un ejercicio muy codificado. El profesor de trinchar carnes será el último preceptor de un gentilhombre, porque se trata del final de su educación. Este profesor sucede al maestro de esgrima y se apoya en sus conocimientos técnicos. Trinchar en público una pieza de carne, sostenida con un tenedor con la mano izquierda, y con la espada en la derecha, sin que los dedos toquen nunca la carne, es una manera de "mostrar su clase", de afirmar su pertenencia a la nobleza de capa y espada. Más tarde, cuando la nobleza abandone capa y espada, la función de trinchar se profesionalizará y se confiará al Repostero Mayor.

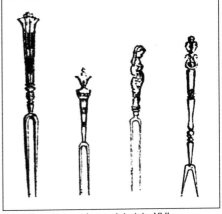

Modelos de tenedores del siglo XVI.

27

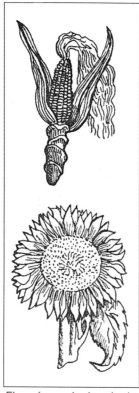

El maíz y el girasol, dos plantas alimentarias originarias del Nuevo Mundo, que impresionaron a los europeos, representadas según unos dibujos realizados en el siglo XVI.

Comer a la italiana: aparición del tenedor

La influencia italiana en la gastronomía francesa ha sido objeto de numerosas discusiones entre los especialistas. Hoy, estamos de acuerdo en admitir que fue débil en cuando a la cocina pero muy importante en la pastelería y, sobre todo, en los modales en la mesa. Desde el norte de Italia del norte se iniciará y se difundirá el proceso de civilización a toda Europa.

La pastelería, por ejemplo, conoce verdaderos progresos gracias al impulso de los artistas italianos que se convirtieron en maestros en el arte de las **confituras** , las gelatinas, los mazapanes, los alajús y los turrones, que acompañan a Catalina de Médicis cuando su matrimonio con el futuro Enrique II en 1533, o en 1600 cuando María de Médicis se une con Enrique IV.

Sin embargo, la principal influencia italiana no se refiere estrictamente a la cocina sino más bien al servicio, a las artes de la mesa y la manera de comer.

Para comenzar, el tenedor nos llega desde Venecia y Florencia entre el equipaje de Catalina de Medicis. Su uso, sin embargo, no se volverá sistemático hasta la moda de las fresas y los cuellos de encaje que se impone durante el reinado de Enrique III, desde 1574 a 1589. «Se considera entonces más cómodo utilizar un tenedor, para no ensuciarse» como nos cuenta A. Gottschalk en su *Histoire de l'alimentation et de la gastronomie* (*Historia de la alimentación y de la gastronomía*).

Más cómodo, sin duda; aunque la adopción del tenedor, como el uso del plato individual que se impone al mismo tiempo, o aún la multiplicación de vasos, importados de Murano, que reemplazan a las copas de corladura, de plata o de estaño, muestran el inicio de un profundo cambio de mentalidades. El refinamiento consiste en evitar a los comensales el contacto directo con los alimentos.

Ahora lo que choca es el espectáculo grosero de los dedos dentro de la salsa de una fuente, en busca de un buen trozo. Por entonces, se temen las mezclas y cada comensal debe poseer sus propios cubiertos.

Evidentemente, se sigue comiendo con los dedos, pero sólo tras haber colocado con los cubiertos el trozo de carne en el plato. También se vuelve sistemático el lavarse las manos.

Otro préstamo que adopta la mesa francesa de nuestros vecinos italianos: la loza. Poseedores ya del título de maestros en el arte de la orfebrería (Benvenuto Cellini había cincelado la vajilla de Francisco I) son ellos quienes tras múltiples disposiciones reales que exigían «que la vajilla preciosa fuera a la moneda a cambio de billetes de renta» propusieron una vajilla de loza para reemplazarla. El nombre proviene de Faenza, ciudad italiana cerca de Rávena, donde se había conseguido el arte de recubrir una pieza de alfarería con una capa de esmalte.

Esta influencia del refinamiento de la mesa queda demostrada por Montaigne quien en sus Ensayos cuenta su encuentro con el maître de hôtel italiano del cardenal de Caraffa.

«Me habló de esta ciencia del paladar, con una gravedad y una contención magistrales, como si me estuviese hablando de un gran problema de teología. Me explicó la diferencia de apetitos, el que se tiene en ayunas, el que se tiene tras el segundo o tercer servicio, la manera de despertarlo y aguzarlo; el tratamiento de sus salsas, en principio en general y luego particularizando las cualidades de los ingredientes y sus efectos...y todo esto, utilizando ricas y magníficas palabras, las mismas que se utilizan para tratar con el gobierno de un imperio.»

Los productos del Nuevo Mundo

La gama de verduras que se consumen se amplía. Las alcachofas, originarias de Sicilia según Plinio, comienzan a cultivarse en Francia, así como los cardos que nos llegan de España. El descubrimiento de América aporta, desde la mitad del siglo XVI, nuevos productos alimentarios vegetales pero también animales. El maíz, traído de Perú por Francisco Pizarro, conquistador español, comienza a cultivarse en Francia hacia 1560. En general se reservaba a la alimentación de animales de corral, pero en algunas regiones, como en la zona de Toulouse, se convertirá en la base de la alimentación campesina, en forma de papillas llamadas *millas*.

El tomate o manzana de amor, según el Herbal de Gérard, 1633, (Biblioteca del Musée National d'histoire Naturelle).

El topinambur también nos llega del otro lado del Atlántico en el equipaje de los exploradores, así como el tomate o el pimiento, las judías, la patata así como otros dos productos que provocarán enseguida un formidable entusiasmo: el café y el chocolate.

Hay que tener en cuenta que esos nuevos alimentos transitan por España e Italia antes de implantarse en Francia.

La asimilación de un nuevo producto en una cocina nacional supone la existencia de técnicas culinarias capaces de aplicarse con juicio. Si la patata tarda tanto tiempo en implantarse en Francia, es porque se buscará, sin éxito por supuesto, aplicarle una técnica de panificación. Otro será el destino de la judía, porque la vieja Europa consume ya gran número de leguminosas como las habas pero también los fazeols y las moungettes que en el Mediodía sirven como base a la preparación del cassoulet.

Hay que recordar que la judía habría sido cultivada primero en Italia gracias al papa Clemente VII, y luego introducida en Francia por Catalina de Medicis.

Olivier de Serres, profesor de agricultura

Durante el Renacimiento, existe un gran interés por la agricultura. ¿Quién ha olvidado la frase de Sully, ministro de Enrique IV, «labranza y pastoreo son las dos ubres de Francia»? Y será el mismo Sully quien alentará la publicación de los trabajos de Olivier de Serres un apasionado de la agricultura, quien, anticipándose a su época, a fuerza de astucias y pequeños descubrimientos, conseguirá hacer de su granja de Vivarais, no sólo la más rica explotación agrícola de Francia, sino también el campo experimental más importante de Europa en materia de cultivo hortícola. Así aparecerá en 1600 su famoso *Théâtre d'Agriculture et mesnage des champs*, que conocerá al menos 19 reediciones.

Y si se ha adquirido la costumbre de asociar el nombre de Enrique IV a la *poule au pot*, sin duda, como nos dice Christian Guy, «es gracias a Olivier de Serres que los cam-

Frontispicio del Théâtre d'Agriculture et mesnage des champs.

pesinos de la época podían añadirle una sabrosa guarnición de verduras sanas y frescas».

En cuanto a los animales, el explorador Fernando Cortés nos trae desde México el pavo, criado al principio por los jesuitas. Los portugueses vuelven a importar de África la gallina de Guinea, que según parece ya era conocida por los romanos.

Un material un poco más perfeccionado

A partir de una obra italiana de Bartolomeo Scappi, cocinero secreto del papa Pío V, llamada *L'Opéra*, se puede tener una idea bastante precisa del equipamiento de una cocina de la época.

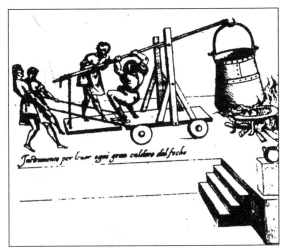

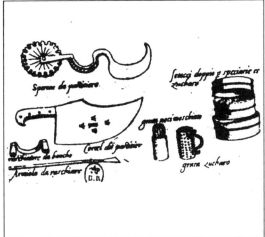

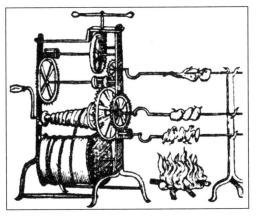

Manera de levantar una gran marmita.

Diversos instrumentos de pastelería.

Dos planchas que provienen de las Œuvres de Bartolomeo Scappi. Venecia, 1570. Bibl. Nacional. Paris.

Gira-espetones.
Este asador está constituido por un mecanismo muy elaborado: un sistema de poleas permite que los espetones giren por sí mismos, sobre el fuego, durante un tiempo, previamente determinado, que corresponde a la cocción de las carnes y aves (Venecia, Biblioteca nacional Marciana).

Grabado de L'Opera *de Scappi.*

Se trata de una cocina modelo para la construcción de la cual, Scappi nos explica que:

«Es necesario conocer el plano y la manera de construir una cocina, ya sea particular o destinada a una colectividad, y procurarse todo tipo de objetos indispensables para su funcionamiento. La cocina debe estar colocada, de preferencia, en un lugar alejado, preservado del público. Debe edificarse sobre un terreno plano y, sobre todo, debe ser alegre, ventilada y bien distribuida, con chimeneas altas y amplias. Las campanas deben ser vastas con bridas de fijación de hierro y llaves de cada lado. También hay que fijar algunos hierros a los muros, para atar las cadenas...»

Se puede ver un gran mortero y dos grifos que distribuyen el agua almacenada en una cisterna. En el fondo hay una gran chimenea provista de cadenas y garfios para colgar las marmitas y un para-fuego para proteger del calor al pinche de cocina encargado de girar los espetones. En la misma obra, Scappi nos presenta el mecanismo de los espetones automáticos derivados de las técnicas utilizadas en relojería, que eran capaces de dar vueltas a un espetón durante más de media hora.

Al pie del muro de la derecha, se encuentran una serie de fogones sobre los que se depositan las brasas para freir, guisar o asar los alimentos. Se advierte efectivamente, al principio de la línea, un gril para asar.

En el centro de la pieza hay tres mesas de trabajo y un tajo para cortar la carne. Los alimentos se guardan en un cofre suspendido o sobre estantes. La carne, por su parte, se suspende de unos ganchos.

En los anexos de la cocina, Scappi recomienda un patio para desollar las carnes y para la limpieza del pescado; con agua para el lavado de la vajilla y los cuchillos así como una pequeña habitación fresca para almacenar «la manteca, la mantequilla, el tocino, todos los alimentos con sabor fuerte y también la crema y la leche».

El siglo XVII
Nacimiento de la gran cocina

En 1651, Pierre La Varenne, veedor de vianda del señor Marqués **d'Uxelles** publica *Le Cuisinier François* (*El cocinero Francés*), que se puede considerar, en verdad, como el primer libro de cocina francesa, inaugurando así una larga serie de ediciones y reediciones de obras de cocina moderna. Mientras que en el siglo XVI se cuenta apenas con algunas reediciones de recopilaciones de recetas escritas, en su mayoría, durante la Edad Media; en la segunda mitad de los siglos XVII y XVIII se editan o reeditan más de 230 libros de cocina.

En estas obras se asiste a polémicas culinarias extremadamente violentas. Allí se oponen modernistas y tradicionalistas que nos recuerdan los conflictos que suscitó en sus comienzos la nouvelle cuisine. Para demostrarlo, citemos a L.S.R. quien en *L'Art de bien Traiter* reprocha a La Varenne su paseísmo culinario:

«Creo incluso que no se verán aquí (en el libro de L.S.R.) las extravagancias y asquerosas lecciones que el señor de La Varenne osa impartir y sostener, con las cuales ha engañado y adormecido al tonto e ignorante populacho, haciéndole pasar sus producciones como verdades infalibles ...»

Con algunos siglos de distancia, la diferencia entre L.S.R. y La Varenne no parece tan enorme y el primero parecería más bien el continuador de la obra del segundo. Pero sin duda, la polémica forma parte del mundo de la cocina.

Massialot , otro autor particularmente importante de esta época, prolonga a su vez el trabajo de reforma emprendido por sus predecesores. Con «*Le Cuisinier Royal et Bourgeois*» (*El cocinero real y burgués*) y más tarde *Le Nouveau Cuisinier Royal et Bourgeois* (*El nuevo cocinero real y burgués*), primeras obras de cocina en forma de diccionario, se puede seguir la evolución de la cocina en la encrucijada de los siglos XVII y XVIII.

Duxelles
Relleno de champiñones, que lleva el nombre del marqués d'Uxelles en las cocinas de quien La Varenne era veedor de vianda

Frontispicio Le Cuisinier françois de La Varenne

LA VARENNE
G. FOUQUET y P. FRANÇOIS
(1560-?)

El apodo de La Varenne fue utilizado por dos cocineros célebres, apenas separados por un siglo. El primero Guillaume Fouquet nació en La Flèche en Sarthe, en 1560. Comenzó su aprendizaje en las cocinas de la Duquesa de Bar, hermana de Enrique IV. Luego, entró al servicio de este último y allí sus funciones desbordaron ampliamente el terreno culinario. Se ocupó de múltiples misiones, a veces frívolas, la más seria fue inspector de correos.

El segundo, Pierre François, es el más conocido gracias a su obra. Era cocinero de Louvois, cuando éste recibió a Luis XIV, pero sobre todo estuvo durante diez años al servicio de Luis Chalon du Bled, marqués d'Uxelles y de Caumartin, gobernador de la ciudad de Chalons sur Saone. Este puesto fue el apogeo de su carrera.

Su primera obra *Le cuisinier François*, publicada en l651 y dedicada al marqués d'Uxelles lo haría célebre. Con esta publicación, La Varenne marca el comienzo de una serie de obras, que se habían interrumpido desde Taillevent y la renovación de la cocina francesa.

Le Cuisinier François conoció un gran éxito gracias a su presentación bien organizada y a sus recetas claras. Esta obra fue reeditada 8 veces hasta el año 1727 y traducida al italiano. Luego le seguirá en l667 el *Le Parfait Confiturier* rebautizado más tarde *Confiturier François* gracias al nombre bien conocido ya de «francois». Vicario le atribuye otra obra: *Le Pâtissier François*, donde la presentación de las recetas es aún más detallada, especialmente en cuanto a cantidades y tiempos de cocción.

La última obra atribuida a La Varenne es el *Le Cuisinier Méthodique* publicada en 1662, cuya concepción y su calidad inferior permiten dudar de su paternidad. La Varenne fue, por otra parte, el primer cocinero que dio su propio nombre a una receta.

L.S.R.
(siglo XVII)

Estas tres letras siguen siendo un enigma. Para algunos historiadores, detrás de ellas se esconde un cocinero llamado Robert. Por el contrario, para Vicaire, autor de la *Bibliographie gastronomique* (1890) se trataría, más bien, de un *officier de bouche* (oficial de boca), llamado Roland y no de un cocinero que trabajó en esta época en la Corte. En fin, parecería que L.S.R. haya trabajado al servicio de la princesa de Carignon. En realidad, poseemos pocas informaciones en comparación con la obra que nos dejó.

En 1647, L.S.R. publica *L'Art de bien Traiter*. Es una obra notable que tuvo una importante influencia en la evolución de la cocina y del servicio. Su lectura nos deja descubrir un autor epicúreo y un cuidadoso organizador.L.S.R. condena severamente las preparaciones complicadas y las denominaciones fantasiosas. En el prefacio, utiliza un tono muy crítico contra La Varenne especialmente, al escribir: «La receta de cabeza de ternera frita ¿hace reir o más bien, llorar de pena...? Pasemos, por favor, a lecciones más honestas o importantes...» Si la formulación parece carecer de medida, L.S.R. es perfectamente maestro en su arte. Así en el estudio de su *Grand Bouillon* (Gran Caldo) que no es otra cosa que nuestra marmita demuestra la importancia de la cocción lenta y del equilibrio de los componentes. Ya estamos frente a una cocina razonada.

Al margen de las recetas culinarias, L.S.R. da excelentes consejos para la implantación y el equipamiento de las cocinas. Así, nos precisa el número de llares necesarios y sus dimensiones. Además, indica la cantidad de *potagers* (especie de mesa de cocción con brasas) que se precisan y cita una lista detallada de los utensilios.

Para terminar, encontramos confirmación de su función como oficial de boca (responsable de todo lo que concierne la restauración) por la descripción que proporciona de los comedores de invierno y de verano, así como por la manera de organizar las colaciones (comidas ligeras) y los diferentes tipos de *ambigús* (bufetes) en los jardines, en las grutas, o sobre el agua.

Por primera vez aparece en el título de un libro de cocina una referencia a la burguesía, signo de los tiempos. El burgués comienza a copiar a los nobles su manera de vivir y de comer; esta actitud estigmatizada por Molière en *El burgués gentilhombre* será un motor del desarrollo de la gastronomía francesa. La nobleza, imitada por su distinción, su diferencia, se espabila entonces en encontrar nuevos refinamientos que a su vez serán copiados, y así sucesivamente.

Con *Le Cuisinier François* se inicia la grandeza y la reputación mundial de la cocina francesa.

Descenso en el consumo de especias

Durante toda la Edad Media y el Renacimiento, las especias son el principal recurso para distinguir la cocina aristocrática. Su interés gastronómico radica, ante todo, en su escasez y su precio

Se puede decir que el Nuevo Mundo se descubrió en el siglo XVI gracias a las especias. Su comercio, totalmente floreciente, alienta los progresos en materia de navegación. Y los grandes navegantes que partieron hacia el Atlántico en base a la hipótesis de que la tierra era redonda, no buscaban otra cosa que una nueva ruta de las Indias, una nueva vía de comercio de las especias, cuando cayeron, por azar, sobre América.

El dominio de los mares forjó la fortuna de los marinos italianos, portugueses, españoles, holandeses y en menor medida, franceses; poco a poco las especias inundaron el mercado europeo. Al mismo tiempo, y por esta razón, el precio bajaba y se pusieron al alcance de cualquier mesa burguesa. Al dejar de ser un lujo, las especias fueron cada vez menos apreciadas.

Los cocineros sustituirán el consumo ostentoso de productos exóticos, por refinamientos técnicos cada vez más importantes. Lo que, a partir de entonces, permitirá la distinción entre la cocina noble y las cocinas burguesas o populares, no será la rareza de los productos sino la complejidad de los métodos y la ciencia del cocinero.

Es así como la cocina francesa se compromete en un camino de complejidad, y cada nueva generación de cocineros se obligará a mejorar, afinar, embellecer, perfeccionar las técnicas legadas por sus antepasados.

Nacimiento de aderezos y salsas

Si se consultan las rúbricas y los índices, las salsas tienen en general la misma composición (ácido + especias), el mismo estatuto y la misma función (acompañamiento de asados) que durante la Edad Media. Por ejemplo, en el *Le Cuisinier royal et bourgeois* que se presenta sin embargo en forma de diccionario, no hay un capítulo de salsas; éstas se encuentran en el capítulo que trata los asados. Y Massialot insiste sobre la importancia de una buena asociación entre el asado y la salsa.

«Aunque parezca que no haya nada más fácil que los asados creemos que no debemos dejar de decir unas palabras, no para marcar el tiempo de cocción necesario o el tiempo que necesita cada pieza para quedar bien... sino para explicar la manera de aderezar la carne antes de ponerla en el espetón y las salsas que más le convienen.»

L.S.R. nos explica que la salsa que más conviene a un asado es....la vinagreta; o bien una pebrada. «Completamente dorada por una cocción perfecta, tal carne pide una vinagreta o una pebrada.»

La noción de salsa se amplía

Pero, paralelamente a ese uso, el término aparece en un nuevo sentido y define otra realidad culinaria. Se trata del caldo de cocción de un guisado, más o menos enriquecido con especias y aromas, y ligado ya sea con pan, con harina, con yemas de huevo... o incluso, por simple reducción.

Esta significación absolutamente nueva, constituye una marca importante de la cocina de esta época, ya que si bien se encuentran en *Le Viandier* recetas que llevan caldos ligados, aromatizados y que contienen materias grasas como por ejemplo ese «civé de liebre» o ese «*boussac de Conis*» (1) o incluso ese «caldo claro de carne de Conis o de volatería», en ningún momento de la receta aparece la palabra salsa para designarlo. Por otra parte, los platos en cuestión están clasificados en la categoría de «sopas ligadas».

Sin embargo, si a partir de La Varenne, el líquido de cocción y de ligazón de los guisos se llama salsa, éstas no están separadas de la receta del plato con el cual se realizan y por ello no aparecen en las listas de salsas.

Dos nuevas técnicas de ligazón: el *roux* y la reducción

Hasta aquí el espesamiento se obtenía con pan mojado; a partir de ahora aparece una nueva técnica: la ligazón con harina, más exactamente el *roux*, (salsa rubia) en el interior de las recetas en un primer tiempo (2) y luego como técnica a parte entera, llamada efec-

---

(1) Conis: Conejo
(2) Por ejemplo, en la *Lengua de cerdo en salsa* de La Varenne en el *Cuisinier François*.

tivamente «ligazón». L.S.R. nos lo expone así: «Coja almendras dulces, échelas en agua hirviendo cierto tiempo para poder pelarlas más facilmente; luego en agua fría; májelas.... en un mortero al cual añadirá un poco de buen caldo, de manera que todo este preparado, se reduzca a una consistencia de pasta. Saltee el tocino o el tocino entreverado, poco importa, con la misma cantidad de mantequilla fresca, todo hasta que esté casi dorado, espume este caldo y añada las almendras, eche un poco de harina dentro y haga cocer, incorporando y removiendo a menudo por miedo a que se reduzca con grumos... eche también una cucharada o dos de caldo, deje cocer suavemente en una marmita... y manténgalo en reserva en una cacerola aparte para cuando lo necesite» (1).

Se trata aquí de mezclar un cuerpo graso (mantequilla + tocino) con harina y luego

Una cocina en los tiempos
de La Varenne.

(1) L.S.R. "L'Art de bien traiter".

**FRANÇOIS VATEL
(1631-1671)**

Los abuelos de François Vatel eran de origen flamenco o alemán. Su padre era techador pero François prefirió entrar como aprendiz en casa del padrino de su hermano, Jehan Heverard, pastelero-*traiteur*. Allí se quedó siete años.

En 1635, el señor Pouilly, maestresala de Nicolas Fouquet que acaba de ser nombrado superintendente, recluta a Vatel como escuyer de cocina. Muy activo, buen organizador, Vatel se gana el aprecio de Fouquet que lo nombra maestresala.

A finales de 1661, Fouquet es detenido y todo su personal debe huir para evitar la prisión. Vatel se exilia a Inglaterra donde encuentra a Gourville, amigo de Fouquet. Ansiosos por volver a Francia lo antes posible, Gourville y Vatel vuelven a Flandres. Gourville entra en contacto con el Grand Condé que acepta tomar a Vatel a su servicio, en el castillo de Chantilly.

En 1663, se inician las grandes obras de remodelación del castillo y Vatel, nombrado Controlador General, asume la pesada tarea de la gestión de la mansión. Cuando se terminan las obras, el príncipe de Condé invita al rey.

Sin ayudantes ni información, Vatel se encuentra agobiado por los preparativos, porque lo previenen sólo quince días antes. En poco tiempo tuvo que organizarlo todo, incluídos los fuegos artificiales. Los invitados son más numerosos que los previstos y faltan asados. Vatel soportó mal tantos fallos. Por la noche, muy excitado y sin poder dormir, se levanta y descubre que hay una cantidad insuficiente de pescados para la comida del día siguiente. Estaba demasiado cansado para acordarse que había pasado el pedido a varios pescateros. Estimando que quedaba deshonrado y completamente deprimido, Vatel puso fin a sus días. Entonces llegaron los últimos pedidos.

Para no perturbar la fiesta, Vatel fue envuelto en una sábana y enterrado con discreción. Fue el final trágico de un gran profesional, para el cual las manifestaciones de tristeza fueron escasas. En una de sus cartas, madame de Sevigné escribe: «Es algo molesto que en una fiesta de cincuenta mil escudos...»

Era el 24 de abril de 1671.

incorporar esa mezcla dentro de un medio líquido (pasta de almendras disuelta en agua y caldo) para espesar, formando un empaste de almidón bajo la acción del calor.

De las 148 salsas de *Le Cuisinier François*, el 23% contienen harina y el 13,5% llevan pan.

Otra técnica (que se utiliza a veces conjuntamente con la ligazón al «roux» o con pan) permite aumentar la untuosidad de una salsa: es lo que se llama reducción. Se trata simplemente de dejar evaporar, por medio de la ebullición, una parte de la salsa, para aumentar la viscosidad y concentrar el sabor. El 47% de las salsas de La Varenne utilizan ese procedimiento. A partir de entonces será utilizado más sistemáticamente.

Jugos y *coulis* los antepasados de nuestros fondos

El siglo XVII también está marcado por la aparición de jugos y *coulis* que darán lugar, dos siglos más tarde, a la teoría de los fondos.

Esos jugos y *coulis* sirven, en efecto, según nos dice L.S.R., «no solamente para preparar las **mittonades** sino también para dar buen gusto a todas las salsas».

Si esos jugos en realidad no son otra

Mittonade
Sopa en la que se ha mojado pan.

Aguafuerte del célebre grabador Francis Abraham Bosse (siglo XVII) que representa un banquete ofrecido por Luis XIII a los caballeros tras sus nominaciones, el 16 de mayo de 1633 en Fontainebleau. Esta obra es un testimonio notable de la época: el artista ha respetado con rigor los trajes, las actitudes de los comensales y de los sirvientes que participan en esta comida de ceremonia, en presencia del Rey (Paris, Museo Carnavalet).

cosa que desglasados de carne asada con tapadera, los *coulis*, más elaborados, son bastante parecidos a nuestros fondos modernos. Aparte de una base sabórica (huesos, carnes) contienen una gran cantidad de elementos aromáticos: cebollas, clavo de olor, tomillo, champiñones, almendras... y pan para asegurar la ligazón. Tras la cocción, se pasa todo por el colador chino.

Respetar el gusto de los alimentos

El final del siglo XVII está marcado por una voluntad de respetar el sabor de los alimentos. El uso de especias disminuye considerablemente. Ya aparece el espíritu de la cocina moderna que dará nacimiento a la teoría de los fondos. Así, en 1654 se puede leer escrito por Nicolas de Bonnefons que «la sopa de col debe saber a col; la sopa de puerros a puerro; la sopa de nabos a nabo y así sucesivamente... Lo que digo de las sopas, entiendo que debe ser ley común a todo lo que se come» (1).

De la misma manera, en 1691 Massialot reemplaza el «*coulis* universal» de L.S.R., verdadera «salsa española», madre de todas las salsas, por no menos de 23 *coulis* diferentes, marcados por un sabor dominante y a los cuales se aplican usos precisos.

Las mousses

A pesar de que mixer y cutter no existen aún, los cocineros crean las primeras mousses. Lo culinario sufre la influencia de las ideas. Las mousses proceden del mismo deseo de refinamiento de una sociedad que ve aparecer el amor cortés, la *carte du Tendre* y *Las preciosas ridículas*. (2)

La gran ruptura cartesiana que separa al hombre en dos entidades jerarquizadas, una sería el principio del pensamiento consciente: el alma; y la otra la pura mecánica: el cuerpo, aliado al puritanismo del siglo XVII que trata de liberar al cristianismo del ritualismo y de sus compromisos, darán nacimiento a una primera moda de purés y mousses. En esta época, se consideran alimentos de mujeres, de «coquetas» incluso, para ser sociológicamente más precisos.

Estos alimentos permitirían comer sin que haya que asistir al espectáculo grosero y prosaico de la masticación; la mousse es un alimento «masticado ya», que la bella saborea dejándolo fundir sobre la lengua y tragando con discreción, sin mover siquiera las mandíbulas, en un silencio apropiado al respeto de la comunicación entre las almas.

---

(1) Nicolas de Bonnefons: *Les délices de la campagne* 1654.
(2) N. de la T.: *Carte du Tendre*, representación topográfica del crecimiento de los sentimientos, de Madeleine de Scudéry y *Las preciosas ridículas*, obra de Molière donde se critican los modales de las mujeres de la corte.

Las recetas son largas y complicadas. Se debe desnervar la carne, majarla pacientemente en el mortero, ponerla sobre hielo para bajar la temperatura del majado, tamizarla para eliminar los últimos nervios, las impurezas o los trocitos de espinas, volver a poner la preparación sobre hielo e incorporar, trabajando durante largo tiempo, las claras de huevo, la panada, la grasa, la mantequilla o la crema. Confeccionar una mousse (1) sería, en realidad, operar una pre-digestión de los alimentos: la mousse está lista para ingerir.

Estas prácticas culinarias, verdadera negación de las funciones biológicas, rechazan la masticación, la relación corporal con la alimentación y la derivan hacia ese inconsciente de la casa en que se ha convertido la cocina, implantada por otra parte, muy a menudo, en los sótanos.

Un servicio cada vez más refinado

Paralelamente, el servicio evoluciona y se vuelve sofisticado. Veamos ahora las reglas del servicio, tomando como ejemplo una comida realizada por Massialot, que nos ofrece como modelo en su tipo no dudando en escribir: (2) «Nos atendremos fácilmente a esa primera comida para el orden y la disposición de otras que haremos aún más grandes,

---

(1) La mousse adquiere varios nombres: *godiveau,* rellenos cocidos, *quenelle* o incluso *boudins.* CF. A. Beauvilliers: *L'Art du Cuisinier.* T2. Ver asimismo: *Les Boudins de Lapin* que Menon presenta en *La Cuisinière Bourgeoise.*
(2) *Le Cuisinier Royal et Bourgeois.* Paris 1691. Reedición Dessagne.

Sopas

Conviene comprender de qué tipo de platos se trata. Las sopas están presentes en la cocina francesa desde la Edad Media hasta el siglo XX, pero si su lugar en la comida sigue siendo el mismo (abren la comida, son las «embajadoras», como dirá Carême) por el contrario, su volumen, su composición y sus técnicas de fabricación se modifican profundamente. Son verdaderos platos completos, de Taillevent a Massialot, que incluyen carnes en gran cantidad, verduras, todo cocido mucho tiempo en un caldo, bien «*mitonés*» (1) antes de servir, es decir, ensopadas con pan.

Los dos sopas del menú de Massialot son platos muy consistentes, más próximos de las Potées de Auvernia o de las *Garbure* bernesas que del *Velouté de tomate*.

Paté de perdiz caliente

Se trata de un relleno de perdiz envuelto con masa y cocido al horno.

Asado de bif

Cuarto trasero de cordero.

Dégoût

El jugo que chorrea de la cocción.

Poupeton

Relleno de ternera, de pan y huevo, en el interior de palomos salteados: se cuece a la brasa y se sirve muy caliente.

Fricandó

Relleno colocado entre dos escalopas de ternera un poco gruesas que se mechan con tocino. Aquí, el fricandó sin relleno es decir una escalopa mechada con tocino.

(1) N. de la T.: Mitonné vendría de miton (miga de pan) y la técnica consiste en echar en las sopas miga de pan y cocer suavemente, para espesar

aumentando el número o la dimensión de los platos, en proporción al número de personas y cubiertos.»

Sólo la cantidad y la talla de los manjares varían en función del número de comensales; la estructura sigue siendo la misma y eso es lo que nos interesa aquí.

«Supongamos que deseamos servir una mesa de doce cubiertos; se puede servir en cada servicio, una fuente en el medio, cuatro platos medios y cuatro entradas, por ejemplo:

PRIMER SERVICIO

Sopas y entradas

Dos **sopas**: un medio plato de bisque de palomos y el otro de capón con raíces.

Los otros dos medios platos de entradas: el uno de un **paté de perdiz caliente** y el otro de capón con trufas, guarnición de fricandeaux.

La gran entrada

Será de dos **asados de Bif** con costillitas de ternera marinadas y fritas, un *dégoût* por encima, para el plato del medio.

Para los entremeses

Un *poupeton* de palomos. Un plato de codornices a la brasa. Uno de pollos rellenos, *coulis* de champiñones. Uno de perdiz, salsa al Español. Dos de fricandó rellenos, dos de mollejas con jamones rellenos. Dos de lechugas rellenas a la *dame Simonne*. Dos de mollejas picadas en el espetón y luego asadas, una buena salsa por encima. Dos de **fricandó** sin relleno, dos de panes de ternera.

SEGUNDO SERVICIO
Para el asado
Dieciséis platos de asados, tantos como sopas, compuestos
por todo tipo de aves, caza, jabatos, cochinillos, etc.
Diez ensaladas pequeñas.

El entremés
Dos grandes pastelones de jamón,
Dos otros de capones y corderos.
Los doce platos medios:
Dos de *blanc-manger* (manjar blanco),
Dos de carne de cerdo salada,
Dos de oreja de ternera rellena,
Dos de galantina,
Dos de espárragos.

Entremeses
Veintidos entremeses que, con las diez ensaladas, completan
el mismo número que en el primer servicio.
Dos de *mine-droit.*
Dos pies de cerdo a la Sainte-Menehout,
Dos de *Hâttelettes* asadas, empanadas,
Dos de corazón de alcachofas, salsa al jamón
Dos de morillas rellenas y champiñones en salsa
Dos de **crestas rellenas** y de foie gras en salsa,
Dos empanadas de pechugas de capón.

Mine-droit
Pequeños guisados de paladar de buey o ciervo.

Hâtelette
Pequeña broqueta de mollejas e hígado empanada y
asada, que se servía como
guarnición o como entrada.

Crestas rellenas
Se trata de crestas de gallo.

Lo que, en este ejemplo, se llama «servicio» nos devuelve a tres tiempos (1) muy precisos de la comida: «Las cenas servidas en el orden del método francés se componen en realidad de tres servicios diferentes, dos de los cuales pertenecen a la cocina y el último a la antecocina» (2). Ya se trata aquí de la estructura que conoce la comida en el siglo XV. Platina lo demuestra en su *De Honesta Voluptate*: «en nuestra mesa hay que mantener el orden y respetar una regla

(1) En la Edad Media, se cuentan a veces hasta 4 servicios. Cf Taillevent. En 1665, N. de Bonefons da igualmente en *Les Délices de la campagne* un ejemplo de menú de 6 servicios pero en realidad se trata de un desdoblamiento de la estructura clásica. Cf. in Amero *Les Classiques de la Table*, 1855.
A partir de Massialot, la práctica se fija en tres, o más excepcionalmente, en cuatro servicios.
(2) U. Dubois y E. Bernard: *La Cuisine Classique*, 1856.

conveniente. Hay que saber que cada mesa se divide en tres mesas...» (1)

Estas largas enumeraciones de platos no corresponden a las presentaciones sucesivas de manjares a cada comensal, como podríamos suponer a partir de nuestras prácticas actuales de la mesa. Representan, más bien, el conjunto de platos que adornan la mesa durante el primer y el segundo servicio. Todos los platos están presentes simultáneamente y se reparten sobre la mesa con un orden muy preciso. Cada servicio posee el mismo número de platos y a cada manjar del primer servicio corresponde otro en el segundo.

La comida a la francesa se caracteriza por una doble simetría: simetría de los servicios y simetría de la disposición de los platos sobre la mesa, en cada servicio. De parte y otra de la pieza central, la más importante en cuanto a volumen, se reparten las otras viandas, cuyo tamaño varía de manera inversamente proporcional a su volumen.

Entrada principal

Platos

Entremeses

Sopas y entradas medias

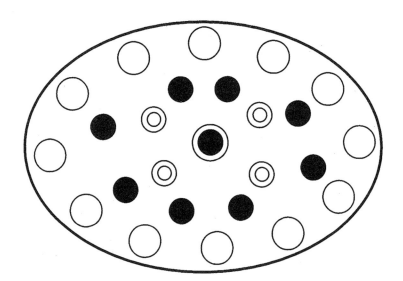

La organización espacial de la mesa debe, también «agradar los sentidos», pero este sentido de agradable se refiere sobre todo a la vista. La decoración de la mesa llegará a su apogeo en el siglo XVIII.

(1) B. Platina: *De honesta Voluptate* (1473), traducido por D. Christol con el título *Platine en Françoys...* Lyon, 1505, citado por J. Flandrin: *Médecines et habitudes alimentaires* en *Pratiques et discours alimentaires à la Renaissance*, 1982, Maisonneuve et Larose.

El siglo XVIII
Las cenas de la corte

Bajo la doble influencia de la vida de la corte, que en Versalles se hace cada vez más fastuosa, y la búsqueda alquímica de la perfección por parte de los cocineros, la cocina francesa conocerá un desarrollo y refinamiento considerables. Es así como se ponen de manifiesto los principios de base que permitirán el desarrollo del «gran arte de la cocina clásica» francesa del siglo XIX.

Menon, la tradición de los alquimistas-cocineros

La búsqueda alquímica de «la esencia», del «espíritu» de las cosas, del «jugo vital» de los alimentos, anima a los cocineros del siglo XVIII.

Luego, con el nacimiento de las ciencias experimentales, partirán a la búsqueda de lo que creen que es el principio sápido de los alimentos: el osmazomo. (1)

___
(1) N. de la T.: Osmazomo, del griego olor y jugo; mezcla de varios productos azoados que proceden de la carne, a los que el caldo debe su olor y sabor característicos.

VINCENT DE LA CHAPELLE (1690-1746?)

Conocemos relativamente poco sobre la vida de Vincent de la Chapelle. Fue Chef de cocina en la casa del Conde de Chesterfield, virrey de Irlanda desde 1732 a 1734. Más tarde, se le encuentra en la casa del Príncipe de Orange, yerno del Rey de Inglaterra, en 1740. También ofició en la corte de Luis XV. Vincent de la Chapelle fue un gran viajero, trabajó en Inglaterra, Holanda, Alemania, en Portugal y seguramente en las Indias Orientales. Navegó mucho y sus obras incluyen una parte consagrada a *La Cocina en el mar*.

Su primer libro aparece en inglés *The modern cook*, en el año 1733.

La edición en cinco volúmenes y en francés fue publicada en 1742. Espíritu independiente, rechazó el poder de los libreros y publicó por cuenta propia. Tras su muerte, por venganza, todos los ejemplares que quedaban de su obra fueron quemados por los libreros.

Todos los grandes cocineros elogiarán su talento. Carême escribió: *Le Cuisinier Moderne* es el único libro digno de atención entre todos los que se imprimieron antes del Imperio (1804). Otro elogio de Edouard Nignon explica «que muchos de sus principios siguen teniendo vigencia en la actualidad» (1930).

Finalmente, el maestro Escoffier le rinde homenaje al atribuirle (equivocadamente) la creación de la Salsa Vincent (verde). Pero ese concierto de elogios, queda velado por su contemporáneo y competidor Massialot quien le reprocha el plagio. En efecto, un tercio de las recetas de la primera edición de *Le Cuisinier Moderne* son copias.

Más tarde, y progresivamente, los plagios desaparecerán.

Si Vincent de la Chapelle no puede ser considerado como un revolucionario, sigue siendo a pesar de todo un eslabón importante de la cadena de nuestra evolución.

En sus libros se tratan los alimentos con más refinamiento. Y pone definitivamente a punto nuestras bases: por ejemplo, la Salsa Española que seguimos utilizando.

Así mismo, muy abierto a las cocinas extranjeras, las asimila y las integra a la cocina francesa.

Vincent de la Chapelle percibe ya la necesidad de atravesar las fronteras, por lo cual se lo considera un cocinero internacional.

El cocinero, sensible a la magia del fogón, transformado en **Atanor**, parte a la conquista del "oro potable". La preocupación por mejorar y afinar los fondos y las salsas se expresa en las obras de los maestros de esos tiempos, con un lenguaje propio de la **alqui-mia**.

El trabajo de la alquimia

He aquí lo que dice Menon: «La cocina pule las partes groseras de los alimentos, despoja las migajas que utiliza de los jugos terrestres que éstas contienen. En cierta manera los perfecciona, los depura y los espiritualiza. Los platos que la cocina prepara deben aportar a la sangre un espíritu más puro y más sutil...» (1)

Se trata de hacer salir de su cauce el jugo vital (que los alimen-tos esconden en su intimidad) la esencia, la quintaesencia, el teles-me, la fuerza fuerte de todas las fuerzas. Hasta en las estructuras de la receta los fondos, los *coulis* o las salsas, siguen el camino del trabajo alquímico.

Para empezar, el **opus nigrum** cuya primera etapa corresponde a la putrefacción: Para ser sabrosa la carne exige ser macerada, mortificada; luego viene la necesaria licuefacción, la disolución de la materia. Para que sea bueno (el *coulis*) ponga la cacerola bien cu-bierta sobre un pequeño fuego, para que la carne tenga tiempo de expulsar sus jugos. (2)

Tras la obra negra, viene la obra blanca. Comienza con un pro-ceso de sublimación por el cual, el alma del cuerpo, que era de la tierra, se ha transformado en agua y aire... Ese líquido va a sufrir entonces "en el atanor", el hornillo del alquimista, una combustión lenta y controlada. Nuestro *coulis*, después de ser ligado, será moja-do y cocinado aún varias horas a fuego muy bajito. En este estadio de la operación alquímica, se obtiene el elixir de la larga vida, la panacea, el oro potable según las expresiones de los alquimistas.

Más de un siglo después de Menon, el modelo alquímico sigue irrigando la quimera culinaria. «Una salsa de una reducción perfec-ta, de una combinación racional, de una pureza y de una fineza de sabor irreprochables, es oro líquido», (3) nos dice J. Favre. No se puede ser más explícito.

Esta búsqueda de la quitaesencia aparece de manera más clara aún en una anécdota que cuenta Brillat-Savarin:

---

(1) Menon: *La science du maître d'hôtel Cuisinier.*
(2) Menon: *La cuisinière bourgeoise.*
(3) J. Favre: *Diccionnaire universel de cuisine.*

MENON
(segunda mitad del siglo XVIII)

El nombre de Menon es un enigma.

Si Menon es famoso y se lo cita con frecuencia como referencia, paradojicamente no sabemos nada sobre el personaje. Carecemos de cualquier indicación sobre su estado civil y no sabemos nada de su itinerario profesional.

En su época, pocos cocineros dominaban la escritura y la lectura. Nada nos asegura que los libros sobre cocina hayan sido escritos por cocineros, lo cual ha hecho que muchos investigadores duden de su condición de cocinero. Esto también nos sorprende porque sus escritos parten de un sólido conocimiento del oficio.

Menon adquirió su fama gracias a la publicación de una obra en cinco volúmenes: *Les Soupers de la Cour. (Cenas de la Corte)*, importante desde un punto de vista profesional pues es la obra más reeditada a finales del siglo XVIII, así como *La Cuisinière Bourgeoise* (1746). Libro de cocina popular que repleto de sentido comun que toma el jardín y el mercado como base de la cocina.

La introducción del primer volumen es ejemplar y sigue siendo un consejo de completa actualidad para cualquier profesional preocupado por el progreso.

Menon ataca las «...mentalidades obtusas que convencidas de sus méritos desprecian los libros profesionales aptos a instruirlas..."

Por otra parte, Menon insiste sobre la importancia de la teoría: «... como se dice de las otras artes, la teoría es una práctica anticipada, de una a la otra el paso es corto y fácil...»·

La asociación teoría-práctica es la base de la creatividad, asegura Menon, y demostrando su premonición, escribe «...para desarrollar el trabajo de la cocina nueva, no he podido ignorar el de la antigua cocina que sirve de base...» ¡Cuánta sabiduría!

Menon es también autor de *Cuisine et office de santé*, publicado en 1758.

Es una verdadera lástima que no tengamos más información sobre Menon porque aporta una piedra fundamental al edificio del progreso culinario.

«El príncipe de Soubise tuvo un día, la intención de dar una fiesta que debía terminarse con una cena para la cual había pedido el menú. El jefe de comedor se presentó por la mañana con un hermoso cartel con viñetas y el primer apartado en el que el príncipe se detiene dice: cincuenta jamones.

Eh, Bernard -dijo- ¿no crees que estás delirando, cincuenta jamones? ¿Quieres dar de comer a todo mi regimiento?

-No, mi príncipe, sólo aparecerá uno sobre la mesa, pero necesito el resto para la salsa española, para los fondos, las guarniciones, las...

-Bernard, me estás robando, y ese apartado no pasará...

-Ah, Monseñor -respondió entonces el artista, que apenas podía contener su cólera- no conocéis nuestros recursos. Ordénadlo y esos cincuenta jamones que os ofuscan, los haré entrar en un frasco de cristal, más pequeño que mi pulgar (1)».

La buena cocina mejora a los hombres

limita a la búsqueda de la salsa más perfecta. El cocinero del siglo XVIII, mejorando su cocina, se perfecciona a sí mismo y hace progresar a toda la humanidad. (2)

El arte culinario participa en el progreso del espíritu humano. Esta es la opinión de Menon: «¿Acaso sería aventurarse en exceso decir que los condimentos de la cocina moderna están entre

---

(1) Brillat-Savarin *La Physiologie du Goût.*
(2) La alquimia no es solamente la búsqueda de la piedra filosofal, cuyo efecto es la transmutación de los metales en oro. «También es, paralelamente, una búsqueda espiritual, centrada en la transformación de la conciencia del adepto en sus relaciones con las fuerzas del universo... La gran obra alquímica es la doble realización de la purificación y de la transmutación de la materia psíquica y material». Michel Mirabail, filósofo contemporáneo, *Dictionaire d'Esotérisme*, Ediciones Marabout.

ANTOINE-AUGUSTE PARMENTIER (1737-1813)

El nombre de Parmentier está estrechamente asociado a la patata, de la que, para muchos, sería el inventor.

Nacido en Montdidier el 17 de agosto de 1737, tras una vida de lucha y de obstinación por imponer ese precioso tubérculo, Parmentier murió en Paris el 18 de diciembre de 1813.

Originaria de América del Sur donde se conoce como papa, la patata llega a España hacia 1535 y desde allí pasa a Italia, Suiza y Alemania. En Francia, por el contrario, es el rechazo total. Todo el mérito de Parmentier reside en haberla impuesto entre nosotros.

En su época las hambrunas son endémicas. Los años de sequía condenan las cosechas de cereales, base de la alimentación. La Academia de las Ciencia lanza un concurso: «Para la búsqueda de una sustancia que pueda atenuar las calamidades de la hambruna». El laureado es Parmentier.

Tras sus estudios de farmacia, Parmentier se alista en el Ejército y marcha en campaña. Sus viajes lo convencen de la baza excepcional que representa la patata y lucha por convencer. Difícil batalla. Entonces, como astuto picardo que es, utiliza una hábil estratagema. El rey Luis XVI le cede un terreno en Sablons y otro en Grenelle. Las plantaciones de patatas cubren estos campos, ostensiblemente vigilados durante el día. Intrigados por estas medidas que no pueden más que proteger un tesoro, los parisienses arrancan durante la noche las patatas, con la ausencia cómplice de los guardianes. Esa es su primera victoria.

Convencido de la importancia de ese feculento para la alimentación de su pueblo, el rey acepta enarbolar un ramo de sus flores durante una recepción en la que hace figurar varias preparaciones a base de patata en el menú de la cena. El efecto de imitación hace el resto y la patata comienza su tímida divulgación.

Parmentier trata de hacer pan a partir de la fécula de patata pero este intento se salda con el fracaso.

No se desalienta: publica sus estudios en las revistas cultas y en los periódicos. Poco a poco, hace llegar su mensaje.

Gracias a la tenacidad de Parmentier, la patata se ha convertido en una de las bases de nuestra alimentación.

las causas físicas que en medio de la barbarie, nos devuelven al reino de la educación, de las capacidades del espíritu, de las artes y las ciencias?" (1)

Y, más tarde, J. Favre: "«Al consumir esas salsas sublimes, ese "oro líquido" la humanidad se transforma a sí misma. " Francia debe a sus salsas el estandarte de la gastronomía. Las salsas forman la base de la buena cocina y gracias a su excelencia la cocina francesa debe su superioridad a la de otras naciones». (2).

Los festines de la Corte

La instalación de la corte de Francia en Versalles, hacia el final del siglo XVII, anuncia el comienzo de mutaciones sociales determinantes. El centralismo del estado atrae a la capital a los aristócratas de provincia, que a partir de entonces descuidarán sus funciones políticas regionales. Frente a la vacuidad del poder político local, la burguesía, cuya importancia económica aumenta, se dedicará, en una actitud estigmatizada por *El Burgués gentilhombre* de Molière, a copiar los modales aristocráticas. La nobleza, imitada, se apresura a pedir a sus artistas, restauradores, costureros, perfumeros, peluqueros... nuevas prácticas sociales susceptibles de volver a marcar las diferencias. Se pone en marcha entonces el proceso de civilización. La moda vestimentaria, el arte del perfume, la gastronomía se perciben como sistemas distintivos, gracias a ellos se afirma la diferencia social y se opera el reconocimiento. Gracias a la sofisticación creciente de esas prácticas, que asegura la diferencia de las clases ascendentes y la superioridad de las elites, se funda «el arte de vi-

---

(1) Menon *La Science du Maître d'Hôtel*.
(2) J. Favre: *Dictionnaire Universel de Cuisine*. Los festines de la corte.

vir a la francesa», rápidamente imitado por las elites europeas. La dinámica de la moda reside justamente en esos juegos de reconocimiento y distinción, en ese desface entre «copiones» y «seguidores».

El arte del servicio a la francesa conoce su mayor refinamiento en la Corte de Versalles. Para empezar, bajo Luis XIV, muy sensible a los fastos de la mesa. Luego, bajo la Regencia de 1715 a 1723 época durante la cual Felipe II de Orleans adoraba de tal forma la buena comida que no dudaba, a pesar de su cargo, en «*faire cuisine*» (hacer cocina), tal como se decía entonces. Y finalmente, durante todo el reinado de Luis XV, hasta 1774.

El servicio a la francesa, que se utiliza entonces en toda la Europa aristócrata, es una verdadera institución que se refleja tanto en las reglas del servicio como en la prelación, la organización social del Antiguo Régimen.

El gran servicio a la francesa

El servicio a la francesa se presenta, como hemos visto, en tres tiempos durante los cuales, la multitud de platos que se sirven en la mesa, permiten a cada comensal comer según su gusto, dejar libre albedrío al vagabundeo de su deseo. Sin embargo, el acceso a los platos no es siempre directo o inmediato; a la organización de la mesa corresponde una disposición de los invitados alrededor de ésta.

Sitios privilegiados

Sobre un plano de mesa se advierten los sitios privilegiados. Si uno se encuentra en el centro de la mesa, puede acceder solo, -es decir sin pedir a otro invitado o a un lacayo-, a un mayor número de platos que si se está sentado en la punta de la mesa; y es por eso que el dueño de casa se sentará en el centro. "El **anfitrión** se quedará de pie, en su

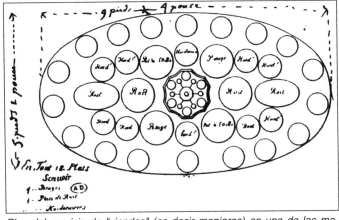

Anfitrión
Príncipe de Tebas que en una obra de Molière, inspirada en Plauto, da una gran cena. Por extensión, el término se utiliza para designar a la persona en casa de quien y a coste de quien se come.

Plan del servicio de "viandas" (es decir manjares) en una de las mesas reales, en Marly, el 24 de septiembre de 1699. En total 18 platos: 4 sopas, 4 asados y 10 entremeses.

lugar, que debe estar en el centro de la mesa. (1) La disposición de los otros comensales debe determinarse con antelación, y se conseguirá sin problemas adoptando el método de colocar los nombres de los invitados delante del cubierto...

»No debemos ignorar que la disposición de los nombres no puede dejarse al azar, sino que al contrario merece una larga meditación y reflexión por parte del anfitrión. De la disposición de los comensales dependerá todo el encanto y el placer moral de una comida. La comida tiene que tener un sentido, y la elección de los comensales también cuenta». (1)

Se encuentra la misma idea en Brillat-Savarin : «El placer de la mesa supone grandes cuidados... tanto en la elección del lugar como de la reunión de los invitados». (2)

El éxito de una comida depende pues también de la elección de los comensales, de su asociación y del lugar que ocupan alrededor de la mesa. «No se deben yuxtaponer los temperamentos excesivos, los rivales en literatura o negocios, los pensadores y los frívolos; no hay que intentar acercamientos temerarios... La geografía de la mesa es accidentada, llena de obstáculos y precipicios. La combinación de cabezas es más sutil que la de los manjares...» como explica J.P. Aron. (3)

Una vez dispuesto, cada invitado puede entrar facilmente en comunicación con sus vecinos inmediatos o los que quedan enfrente (siempre que la distancia no sea demasiado grande, lo cual suele pasar con las puntas de la mesa). Por el contrario, es más difícil comunicar con un invitado colocado a tres o cuatro lugares de distancia.

La organización de la mesa, reflejo de la sociedad.

No todos los lugares de la mesa ofrecen pues las mismas posibilidades, ni la misma facilidad para la conquista de las fuentes.

Las posiciones centrales dan a quien las posee un mayor número de posibilidades de obtener los platos que desee consumir. Los sitios 4, 10, 3, 5, 9 y 11, por ejemplo, pueden pedirlos directamente a cinco personas, mientras que las posiciones 1 y 7 pueden pedirlos sólo a dos, con lo cual tendrán que pasar por los intermediarios. Es decir, pedir a sus vecinos que pidan a sus vecinos, etc... que les pasen tal o cual fuente. A partir de allí, se mide la dependencia de estos comensales con respecto a los que deben trasladar obligatoriamente los platos. Dependencia reforzada por el hecho que los poseedores de los dos sitios vecinos (de cada extremidad, es decir, 2 y 12 para 1 y 6 y 8 para 7) no tienen ninguna necesidad de ayuda de l y 7 para acceder por sí mismos a las fuentes de la punta de la mesa.

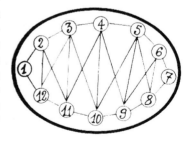

(1) Grimod de la Reynière *Ecrits gastronomiques*, 10/18.
(2) Brillat-Savarin: *La Physiologie du Goût*. Réd. Hermann.
(3) J.P. Aron: *Le Mangeur du 19ᵉ*. Gonthier Denoël.

Terrible destino para los poseedores de los lugares extremos. Imaginemos que algún conflicto o incompatibilidad de humor perturban las relaciones de los poseedores de los sitios 1 y 7 con sus dos vecinos. ¡Helos allí, condenados a consumir sólo capón con trufas o pastelón de perdiz!

Por el contrario, ¡qué delicia y qué comodidad estar en el centro de la mesa! No solamente el acceso a las piezas principales es directo, no sólo usted dispone de múltiples canales para lanzar su pedido y hacer llegar la fuente que desea, no sólo esta multitud de canales permite soluciones de recambio si alguna se cerrara, sino que además, como usted forma parte de la mayoría de los circuitos de desplazamiento de las fuentes, los otros comensales necesitan de usted y le adulan, le respetan y reconocen su poder, más aún, su autoridad. El servicio de mesa a la francesa refuerza el poder del anfitrión, del dueño de casa. No solamente la posición central da a su poseedor,que no hace otra cosa que respetar la tradición de los usos en la mesa, ventajas considerables en la apropiación de los platos sino que además le ofrece la facilidad, la gracia, el desapego aparente, el carisma que cimenta su autoridad.

El servicio a la francesa, al mismo tiempo que participa en el mantenimiento y la justificación de los poderes y del orden establecido, es el reflejo de la sociedad de poder, en parte carismático y en parte tradicional, de la nobleza francesa de los siglos XVII y XVIII.

La etiqueta de la mesa moderna ha conservado alguna de las normas del servicio a la francesa: el sitio de los dueños de casa o de los que invitan en el centro de la mesa; y el cortar las carnes y el servicio del vino reservados tradicionalmente al dueño de casa.

El ceremonial

Todo está organizado, arreglado, dispuesto con «mesura», con «simetría», de acuerdo con las reglas «del buen gusto», de la «estética». De la misma forma que los jardines a la francesa «pulen» la naturaleza para hacerla más conforme a la estética, la mesa es un lugar que se debe cultivar, sublimar. Al entrar en el comedor, o mejor dicho, en la habitación donde tendrá lugar la comida, ya que el comedor no existe verdaderamente en esta época, el invitado debe descubrir la mesa ya puesta. (1) La sorpresa, como un telón que se levanta, forma parte del encanto de la comida. El invitado «llegará a la hora indicada, a una sala de espera, donde será recibido ya sea por el anfitrión mismo o por alguno de sus parientes o amigos... (2) puesto que el primer servicio siempre está dispuesto sobre la mesa cuando los invitados se sientan».

El vocabulario es sobre todo visual. Se habla de «elegancia», de «adornos», de «bellas formas del postre», «de magníficos festines», «del esplendor de una sopa», »del embellecimiento de un plato», «del ornamento de una ensalada».

---

(1) L.S.R. nos explica cómo se debe elegir la habitación para comer. «Si es invierno hay que elegir la dependencia y el apartado más reducido, más caliente y menos expuesto al aire, bien tapizado y cerrado con contramarcos dobles... en verano debemos escoger el lugar más vasto, más fresco, el mejor orientado para evitar el gran calor... los salones son apropiados y las galerías también»
(2) Grimod de la Reynière. *Manuel des Amphitryons*, 1808. Red, 10/18.

«Todo lleva al embellecimiento y magnificencia de la comida: se necesita una cierta igualdad (de platos) para establecer un orden que satisfaga agradablemente la vista y proporcione placer a los sentidos, incluso a los más delicados». Existen sentidos más nobles, más espirituales que otros y activar la vista, es liberarse de la excesiva corporalidad de la boca y del gusto.

Una improvisación: colación preparada en un jardín. Charles-Nicolas Cochin 1688-1754.

Lo más espectacular de las comidas del siglo XVIII se ve mejor en las «colaciones" y los "«ambigú». Las primeras son «comidas» compuestas esencialmente de platos dulces, servidas al final de la tarde (o durante la velada) después de los juegos, en todo tipo de lugar, ya sea salones de la casa, pero también en «los jardines», «las grutas» o sobre «el agua». (1)

En cuanto a los ambigú se trata en realidad «de una cena y de una colación reunidas y que se ofrecen por lo general al declinar el día. En lugar de repartir una comida en varios servicios, se sirve anticipadamente todo junto, pero con un orden y un gusto tal que agrada los sentidos y da apetito a los más inapetentes... Esta manera de servir presupone lo grande, lo magnífico». (2)

En este caso, no hay servicios sino un fuego artificial alimentario regido con extrema precisión; y esta organización no deja nada al azar. Cuanto más nos acercamos al jardín, más planea sobre la mesa el espíritu de Le Nôtre. (3)

Cuando la colación tiene lugar en un parque o en medio de la naturaleza, la mesa debe integrarse al paisaje. Flores, hojas y ramas participarán de la decoración del bufete, pero al mismo tiempo se embellecerá y se domará la naturaleza. Ya no sabe donde comienza la mesa y donde termina la naturaleza. Todo está sabiamente reorganizado, recreado. «...Para embellecer ese lugar, se utilizarán floreros, grandes porcelanas, jarrones decorados de todos los tamaños, llenos de flores y ramas diferentes, cajones con naranjas u otras frutas, según la extensión del terreno del que se disponga, para revestir los ángulos, los recodos y cualquier otro lugar apto para recibir y contener la belleza con la que se adornará el espacio para aumentar de esta forma el encanto y el brillo natural». (4)

Si estamos en un salón: los alimentos invadirán la pieza entera; las luces, los espejos les darán brillo y los multiplicarán hasta el infinito. Un verdadero festín visual. El servicio del siglo XVIII consiste en convertir los manjares en un alimento para la vista. «Si hubiera algunos jamones, estofados, pasteles de caza u otras piezas considerables, se las dispondrá sobre los veladores a los lados del bargueño... ¡Luces, espejos, y otras fantásticas galanterías encantarán y proporcionarán un espectáculo para deslumbrar a los invitados...» (5). «El postre, el vino y las luces decoran todo: los bargueños, los rebordes de las chimeneas, y otros sitios bien cómodos y tan bien dispuestos que no existiría cuadro, pintura, espectáculo o decoración que proporcione por su riqueza y su orden, mayor placer en comparación. Estos arreglos encantan la vista...el placer de ver es más grande que el placer del tacto» (6).

La comida recrea una especie de paraíso terrestre, en el que todos los bienes, en abundacia, están, a disposición del ser humano.

(1), (2) L.S.R. ya citado.
(3) Ver ilustración pág. anterior, *Collation dans un jardin* de N. Cochin, l688-1754. Biblioteca Nacional de Paris.
(4), (5), (6), L.S.R.: *L'Art de bien Traiter.*

El papel de los sirvientes

Cuando el rey come solo, un enjambre se mobiliza detrás suyo. La brigada que le sirve está organizada con un modelo militar. «El jefe supremo de los oficiales encargados de los alimentos del Rey es el Gran Maestre de la Casa Real; por debajo quedan los Maestresalasl, el gran Panetero, el Gran Copero mayor, el Gran Repostero Mayor y los gentilhombres-sirvientes.

Evidentemente, todo ese personal está compuesto por nobles gentilhombres, para quienes el servicio de la mesa Real no es en absoluto sumisión, faena pesada ni disminución sino al contrario, un honor envidiado, no solamente porque remunerado: quien puede acercarse al Rey todos los días es un Poderoso.» (1)

(1) G. y G. Blond: *Festins de tous les Temps.* Fayard, 1976.

La suntuosa comida presentada al rey Luis XV y a los príncipes de su corte en el Ayuntamiento de París, por el Señor Preboste de los mercaderes y regidores, para festejar el augusto nacimiento de Monseñor el Delfín. Sólo el rey no se ha descubierto.

Los servidores de la mesa del rey (lo mismo que los cocineros) son nobles. Vieja tradición, porque ya Guillaume Tirel, llamado Taillevent, nombrado Escuyer de cocina de Carlos VI en l381 está representado, con sus armas, sobre su lápida.

Durante mucho tiempo, al servicio de la nobleza, se cuenta con importantes brigadas: Maestresala, Repostero mayor, Oficial de Cocina, Repostero de Cocina, Lacayos... pero su papel en la escena de la mesa no es considerable puesto que durante el siglo XVIII, las principales operaciones del servicio corresponden al anfitrión.

El papel de los servidores consiste principalmente en poner la mesa, quitar luego los platos y volver a disponerlos al ritmo de los diferentes servicios. Durante los servicios, los criados quitan también los platos sucios. «La sopa terminada, se dejará la cuchara en el plato, y se cuidará de no ponerla sobre el mantel; los criados deben inmediatamente traerle otra.» (1). Y esta tarea se proseguirá durante toda la comida ya que «Hay que cambiar de plato a cada manjar que se come y de cubierto a cada servicio. No es correcto presentar un plato sucio para pedir al vecino que le sirva de una fuente cercana» (2) O sea, no es el criado quien sirve sino el invitado y aún más el anfitrión. El anfitrión debe estar atento a los platos de sus invitados y proponerles algo cada vez que tengan el plato vacío. Es él quien corta la carne (en ausencia del Repostero Mayor) «el anfitrión debe ocuparse de cortar las grandes piezas a medida que avanza la comida; a veces, se le dispensa de esta tarea durante los asados, sobre todo si hay varios, pero durante el primer servicio, esta atención es un deber indispensable» (3). También le corresponde servir los vinos de entremeses.

Los lacayos fueron durante mucho tiempo responsables del servicio del **vino ordinario** pero esta prerrogativa era demasiado. «Ya hemos visto que el vino ordinario ya no está relegado al bufet ni se encuentra a disposición de los lacayos quienes, no sólo abusaban sino que por eso mismo obligaban a los amos a una dependencia permanente». (4). Además, tenían tendencia, sobre todo desde 1776, «tiempos en los que, nos cuenta Grimod de la Reynière, gracias a Turgot y a los Economistas, el sistema de una pretendida libertad había relajado todos los lazos de la subordinación», a operar ellos mismos la **mezcla de vino y agua** y a servir simplemente un vaso lleno en las proporciones regidas por su capricho.

El gran juego social tiene lugar en la mesa y los sirvientes quedan excluídos, «su tarea se limita a la circulación de los platos»

---

(1), (2), (3), (4) Grimod de la Reynière: *Manuel des Amphitryons.*

Vino ordinario
No tiene nada que ver con lo que nosotros llamamos vino ordinario. No es un vino de 10º5 sino un vino o los vinos que se sirven durante toda la comida, contrariamente al vino de entremeses, de postre o a los "vinos de antes de comer" o "vinos del medio" o el "vinos de después".

Mezcla de vino y agua
En Francia, durante el siglo XVII y XVIII el vino no se bebía puro sino cortado con agua, para adaptar "la fuerza de la mezcla a la fuerza del bebedor". Sobre este tema, ver J.L.Flandrin: *Boissons et Manières de boire en Europe du XVI au XVII siécle*, en *L'imaginaire del vino* Laffitte, 1983.

A medida que se aproxima la Revolución, su presencia se vuelve cada vez más pesada. El trabajo de zapa de los economistas comienza a hacerse sentir y acerca el malestar a la mesa. Los lacayos se convierten en la mala conciencia de una clase entregada al ocio y al placer, la «mirada de Caín» de la nobleza pre-revolucionaria. «Para comenzar, sería útil despedirlos en cuanto sirvan los postres; se necesita menos renovación de platos y es el momento en el que la dilatación de los corazones y los espíritus hace más incómodos los testigos. No hay ni alegría ni desahogo delante de los sirvientes ¿y qué es una cena donde se excluye la alegría y no puede uno entregarse a los demás?» (1)

Los sirvientes perturban el orden del microcosmos de la mesa. ¿Quizás devuelven a esos nobles, que por otra parte no dudan en servir al rey, el reflejo de una imagen de sí mismos de la que están poco orgullosos? Los lacayos aparecen verdaderamente como los aguafiestas.

Y Grimod de la Reynière comienza a pensar de qué manera «pasarse de la presencia de los sirvientes durante la comida... Sería fácil sustituirlos por **servantes**, dispuestas de tanto en tanto, a proximidad de los comensales; incluso sería posible multiplicar esos pequeños muebles para que hubiera uno para dos personas; todo el trabajo de los invitados se limitaría a pasar los platos servidos». Durante una comida que lo haría famoso, el primer día del mes de febrero de 1783, Grimod pasará a los hechos. En su invitación, podía leerse: «Se le ruega encarecidamente no traer perro, ni criado, puesto que el servicio será realizado por medio de *servantes* ad hoc» (2). Y, más tarde, entre 1803 y 1812, cuando dirige cada semana un jurado de degustadores, encargado de legitimar los platos que le envían los pasteleros, los cocineros y los comerciantes de comestibles parisinos, hará instalar «para suprimir a los criados» un monta-cargas entre la cocina, en el subsuelo, y el comedor en el primer piso. Para comunicar las órdenes a la cocina utilizaba un tubo acústico con boquilla, adornado con una cabeza de cocinera (3). Para el cambio de los platos sólo se admitirá algunos instantes en la habitación a una vieja sirvienta de la familia. (4)

Servantes
Mesas rodantes de servicio, especie de trincheros.

(1) Grimod de la Reynière.
(2) Ver la reimpresión de la tarjeta de invitación en A. Gottschalk *Histoire de l'Alimentation et de la Gastronomie*, Paris 1948. T2
(3) Parece ser que la cabeza que adornaba el tubo fuera un proyecto que no se haya realizado nunca; por el contrario la existencia del tubo parece admisible. Cf. C. Bonnet: Presentación a los *Ecrits Gastronomiques* de Grimod de la Reynière.
(4) N. Rival: *Grimod de la Reynière: Le Gourmand Gentil-homme*, Le Pré aux Clercs 1983.

Vuelan, vuelan las nuevas ideas...

El primer restaurante

Desde la Edad Media existen en Francia numerosos albergues, tabernas donde se puede comer y beber en una mesa común, pero que está reservadas a una clientela muy popular. Madame de Genlis, por ejemplo, confiesa en sus memorias haber ido, disfrazada de campesina, al *Tambour Royal*, célebre cabaret fundado por Ramponneau.

En los caminos, las paradas de posta, donde se encuentra hospedaje, cubierto y monturas frescas, no son restaurantes en el sentido moderno de la palabra; es decir, establecimientos que sirven una gama importante de platos, preparados utilizando todos las técnicas de cocción posibles.

Durante la monarquía, los oficios de boca están organizados en corporaciones. Esas asociaciones de artesanos o comerciantes, a menudo muy poderosas, defienden celosamente los intereses de su profesión, para lo cual edictan leyes internas a la corporación e impiden la competencia de los oficios vecinos.

Así, se pueden distinguir:

• Los carniceros que tienen el derecho de matar y comercializar los bueyes, terneros y corderos.
• Los casqueros que venden los despojos.
• Los charcuteros, que venden la carne de cerdo y otros animales en forma de patés, embutidos o jamón, pero que no están autorizados a matar los cerdos.
• Los *traiteurs* (encargados de casas de comida para llevar) proponen por su parte todo tipo de carnes cocinadas en forma de guisos, es decir acompañadas de salsas.
• Los asadores están habilitados para vender todo tipo de carnes asadas, pero sobre todo tienen prohibido vender carnes guisadas.

Entre esas diferentes corporaciones son frecuentes los conflictos que tienen como origen la voluntad de defender los monopolios profesionales.

El término *restaurant* en esta época, evoca una especie de caldo de cocido, más o menos rico, llamado *caldo restaurante*, porque se supone que restaura a quien lo bebe. Volveremos a encontrar esta denominación en autores culinarios del siglo XIX.

Parece que la utilización de la palabra restaurant para designar un establecimiento se remonta a los alrededores de 1756. En esta fecha, efectivamente, un tal Boulanger llamado también *Champ d'Oiseaux*, abre en la calle de Poulies (actualmente calle del Louvre) un cafetín donde sirve *restaurants*.

Pierre de la Messagère nos cuenta su historia: "La idea es de 1765 y pertenece a un tal Boulanger, que vivía en la calle de Poulies. En la puerta podía leerse esta aplicación poco respetuosa de un pasaje del Evangelio: *"Venite ad me omnes qui stomacho laboratis et ego restaurabo vos"* (Venid a mi, vosotros que tenéis un estómago que grita miseria y yo os restauraré). Aparte de los caldos, Boulanger vendía comida, pero como carecía del título de *traiteur* no podía servir guisos.

En su lugar, servía aves con sal gruesa, huevos frescos, etc, y esto se servía sin mantel en pequeñas mesas de mármol. Otros restauradores se establecieron imitándole, en especial un Wauxhall, en el Coliseo y en todos los lugares donde se reunía y se divertía el público. La novedad, la moda y sobre todo el precio los acreditaron, ya que una persona que no hubiera osado sentarse a la mesa popular de un *traiteur*, iba sin dificultad a pagar la misma cena en casa del restaurador».

En 1767, Diderot expresa, en una carta a la señorita Volland, la misma opinión:

«Salía de allí para ir a cenar al restaurador de la calle de Poulies, que da bien de comer pero es muy caro».

La moda de los cafés

Hacia finales del siglo XVII (para ser más precisos en 1674) un siciliano de Palermo, Francesco Capelli, más conocido como *Procopio* tuvo la idea de abrir, en la calle de

El café Procope

Tournon, el primer café de Paris, con el nombre de *café Procope*. Algunos años después, en 1684, se desplazó a la calle Fossées-Saint Germain (la actual calle de la Ancienne Comédie) frente a la sala de frontones de L'Étoile, donde acababa de instalarse la compañía de los *Comédiens Français*. (1)

Una novedad importante de la época: las mujeres, que hasta entonces estaban más o menos encerradas en sus hogares, son admitidas en el establecimiento.

Además de café, té y chocolate, bebidas muy a la moda, se sirven pasteles, confituras de todo tipo y sobre todo bebidas heladas y sorbetes, que entonces se escriben *shorbet*, según la palabra árabe.

¿Cómo se hacían entonces los helados y los sorbetes?

Escuchemos a La Quintine que nos revela el método:

«La sal común, aplicada alrededor de un vaso lleno de licor y rodeado de hielo, tiene la propiedad de congelar el licor. La industria de los buenos oficiales (de boca) ha encontrado el método de preparar, durante los más ardientes calores de la canícula, todo tipo de nieves artificiales, refrescantes y deliciosas.»

Para disponer de hielo durante todo el año, durante el invierno se enterraba en grandes fosas excavadas y empedradas que se llamaban «neveras». Aislado de esta manera, el hielo se conservaba sin demasiados problemas hasta mediado el verano.

Otra idea de Procope, a la que sin duda debe gran parte de su éxito, fue fijar carteles con las noticias del día en su establecimiento. Así, rápidamente, los cafés se convirtieron en lugar de información, de discusión y de nacimiento y propagación de rumores.

Café del Palais Royal

---

(1) N. de la T. Esta compañía dará origen a la actual *Comédie Française*.

La fórmula se multiplicará hasta el punto que en 1721 ya se cuentan 300 cafés en Paris y más de... 2000 durante el Directorio, hacia finales de siglo.

En el Procope se reúnen tras el espectáculo de teatro, los actores, los autores, pero también la gente ilustrada, nobles o ricos burgueses que componían el público. Las discusiones cuestionaban desde el talento de los artistas hasta los acontecimientos políticos.

De hecho, el Procope se convierte en el primer café literario. Allí se reunirán Voltaire, Diderot, Buffon, D'Alembert, Montesquieu, Rousseau, Marmontel... En esos cafés se «revisa el mundo» y nacen las ideas revolucionarias, hasta tal punto que Montesquieu escribe en 1721:

«Si yo fuera el soberano de este país, cerraría los cafés; porque quienes los frecuentan se calientan la cabeza. Sería mejor verlos emborracharse en los cabarets. Allí se hacen daño a sí mismos mientras que la embriaguez que les produce el café, los hace peligrosos para el futuro del país.»

Durante la Revolución Danton, Marat, Legendre, Desmoulins, Fabre d'Eglantine frecuentarán el establecimiento.

La Revolución

Nacimiento de la restauración

L a revolución francesa tendrá indirectamente una gran influencia sobre la gastronomía de nuestro país, pero también sobre la de Europa entera.

El cocinero antiguo y el cocinero moderno.

Una nueva forma de restauración

Los grandes chefs abren restaurantes

Los grandes cocineros, antaño al servicio de la nobleza, se encuentran frente a una cruel alternativa: seguir a sus amos en el exilio o bien quedarse en Francia, operando una reconversión profesional.

Quienes eligen el exilio, ejercerán su arte y su influencia en los medios aristocráticos ingleses, suizos, alemanes... Los otros, tratarán de alquilar sus servicios en las casas burguesas donde los nuevos poseedores del poder llevan una gran vida, o incluso, siguiendo el ejemplo de Beauvilliers abrirán su propio restaurante.

Si el nombre de restaurante para designar el lugar donde se sirve de comer se debe aparentemente al llamado Boulager, más conocido como *Champ d'Oiseaux* quien, desde 1765 servía en su cafetín «caldos restauradores», habrá que esperar hasta 1782 para ver la apertura, en la galería de Valois, del primer establecimiento digno de ese nombre, por Antoine Beauvilliers, quien se presentaba como «ex-oficial de boca» del Señor Conde de Provence, futuro Luis XVIII.

El verdadero elemento determinante para que un restaurante fuera autorizado a servir todo tipo de comidas fue sin duda la abolición de las corporaciones, que a lo largo del Antiguo Régimen regían de manera muy estricta las actividades profesionales, prohibiendo y autorizando la fabricación y el comercio de ciertos productos.

Esta abolición tuvo lugar en 1776, con la publicación de un edicto de Luis XVI redactado el 3 de febrero bajo el impulso de Turgot quien, influenciado por los **fisiócratas** consideraba esas organizaciones profesionales como injustas y funestas porque sólo buscaban «el interés personal en detrimento del de la sociedad en general».

Los restaurantes se multiplican

Robert, ex jefe de cocina del Príncipe de Condé, abre en el 104 de la calle Richelieu un establecimiento cuyo letrero lleva su nombre.

En 1786, en la calle Helvétius (actual calle Sainte Anne) abre el restaurante *Les Frères Provençaux*. En realidad, Maneille, Barthélemy y Simon no eran hermanos sino cuñados. El primero dirigía el establecimiento mientras que Barthélemy y Simón se ocupaban del servicio del Príncipe de Conti. La emigración del príncipe en 1789 reunió a nuestros tres cocineros meridionales, que se mudaron a la galería del Beaujolais, a dos pasos de los jardines del Palais Royal. La

Fisiócratas
Economistas del siglo XVIII, discípulos de Quesnay, que fundan su doctrina en el respeto de las leyes naturales y dan preponderancia a la agricultura frente al mercantilismo.

Café-restaurante de los hermanos provenzales, 1846. Litografía de Fichot por Chapuy.

El *Boeuf à la mode*.

clientela corrió para descubrir esas especialidades meridionales, deliciosamente preparadas: *bullabesa* y *brandada de bacalao* (1) que olían a ajo y a aceite de oliva.

En 1791, Méot, un antiguo colega de Robert en las cocinas del Príncipe de Condé se instaló en la calle de Valois: decoración lujosa, vajilla principesca y una cocina de lo más rebuscada proporcionan verdaderos espectáculos golosos. «Aquí -escribirán los hermanos Goncourt en su historia de la sociedad francesa durante la Revolución- Lúculo se hubiera sentido en su casa.»

Al año siguiente se abre *Le Boeuf a la Mode*, luego el *Rocher de Cancale* donde se activa Baleine; el *café Hardi*, el *café Anglais*, el *café Riche*...

«Es así como se establecen sucesivamente los Méot, Robert, Roze, Véry, Léda, Brigaut, Legacque, Beauvilliers, Naudet, Taullier, Nicole, etc... hoy casi millonarios. No había cien restaurantes antes de 1789... Hoy existen tal vez 5 o 6 veces más», dice Grimod de la Reynière en 1803, en su primera entrega del *Almanaque de los Golosos*.

Cincuenta años más tarde, Théodore de Banville censa más de mil cuatrocientos. (2) No todos son de primera categoría, pero en 1894, Chatillon Plessis (3) considera superiores al menos novecientos veintisiete, sin contar esos restaurantes del barrio latino, antepasados de nuestros restaurantes universitarios, donde «sólo se cambiaban los manteles una vez por semana» (4), como Viot o Elicoteaux.

(1) J.P. Aron: *Le Mangeur du 19ème siècle*. Robert Laffont.
(2) Th. de Banville: *Les Restaurateurs*, in *Le Gourmet*, del 18 de julio de 1858.
(3) Chatillon-Plessis *La Vie à Table à la fin du 19ème. siècle. Théorie pratique et historique de gastronomie moderne* 1894.
(4) Th. Zeldin: *Histoire des Passions françaises*, t. 3.

Nacimiento de la literatura gastronómica

Los nuevos ricos de la revolución, que no conocen demasiado bien las reglas de la gastronomía aristocrática ni el buen uso de los manjares y de los vinos, frecuentan ahora los restaurantes.

Grimod de la Reynière y Brillat-Savarin son los fundadores de la literatura y el discurso goloso que responde a esa nueva necesidad. «Nos hemos lanzado en una carrera alimentaria y por eso nos dedicaremos sin reservas a la literatura golosa, que hasta ahora no habíamos cultivado más que in petto, para ofrecer a esos dignos neófitos algunos documentos útiles».

«El éxito inesperado que obtuvo durante cinco años nuestro *Almanaque de los Golosos*, publicados sucesivamente, esperados con impaciencia, agotados con rapidez y reeditados varias veces, nos ha demostrado que el número de candidatos y adeptos aumenta cada día, exigiéndonos que saquemos nuevos números.» (1)

Los jurados degustadores

En la época de la publicación de los *Almanaque de los Golosos* (1803 a 1812) Grimod de la Reynière instaura la práctica de los jurados degustadores y de la «legitimación».

Se trata una degustación crítica realizada por un jurado de "profesores de lo goloso" presidido por el doctor Gastaldy (célebre gurmet, natural de Montpellier, que murió en el campo de honor, entiéndase en la mesa del arzobispo de París, tratando de terminar un salmón en salsa verde) o bien por el propio Grimod.

Las sesiones se desarrollaban en su casa o a veces en un restaurante donde tenía su mesa: *Le Rocher de Cancale*. Los «artistas del buen comer» de la capital, los restauradores, los vendedores de comida para llevar, los pasteleros, los charcuteros.... hacían llegar sus últimas creaciones, para que fueran juzgadas, analizadas y sobre todo «legitimadas».

Las condiciones para concursar eran simples: bastaba con dirigir las muestras, libres de porte, a:

> *M. Grimod de la Reynière*
> *en su domicilio*
> *calle de los Champs-Elysées nº 8*

Nota: las muestras que lleguen a pagar en destino serán rechazadas.

Si la «legitimación» era correcta, es decir si el plato se juzgaba digno de entrar en el universo de la gastronomía, recibía su nombre de bautismo, que se suponía que reflejaba sus cualidades particulares. Los resultados de la sesión y el nombre se publicaba en el número siguiente del *Almanaque de los Golosos*.

---

(1) Grimod de la Reynière: prólogo del *Manuel*.
(2) J.P. Poulain: *Les racines du bien manger en Languedoc*, in dir. J. Clavel *Vins et cuisine de terroir en Languedoc* Privat.

Brillat-Savarin según un dibujo de Stanley.

JEAN-ANTHELME BRILLAT-SAVARIN (1755-1826)

En Belley, en el Ain, patria del buen comer, nació el 2 de abril de 1755 Brillat-Savarin. Murió en Paris, el 2 de febrero de 1826 a causa de un enfriamiento contraído durante las ceremonias de conmemoración de la muerte de Luis XVI.

Estas pocas líneas del estado civil, dan una idea precisa del personaje; B-S. es un gastrónomo mundano.

Jean-Anthelme es hijo de Marc-Anthelme Brillat, procurador del rey y señor de Pugieu-en-Bugeey; es primo de la brillante madame de Recamier. Una anécdota explica la presencia del aditivo Savarin en su apellido. Su tía abuela, la señorita Savarin, le aseguró que sería su heredero universal si asociaba su nombre al suyo.

Importantes estudios llevados a cabo en Grenoble y en Paris hacen de Brillat-Savarin un hombre cultivado, a la vez filósofo, músico y jurista. Es muy popular en su tierra donde es elegido diputado y luego Alcalde de Belley. La Revolución le obliga a huir a Suiza y luego a Estados Unidos. De regreso a Francia, recupera su posición ascendente, momentáneamente interrumpida y en 1800 obtiene un nombramiento en el Tribunal Supremo.

Aunque Brillat-Savarin no es un profesional de la cocina, se trata de un verdadero gourmet. Si su tierra de origen le invita a ello, su madre, "la Belle Aurore", quien da nombre a su famoso Oreiller (pastel envuelto en masa de distintos tipos de carnes) le incita también. Durante su exilio en Estados Unidos, comunicó sus recetas a sus anfitriones y especialmente la técnica de los huevos batidos. De esa estancia, traerá el *Welsh-Rarebit*, bien conocido en todas nuestras cervecerías.

Pero es sobre todo su libro *La Physiologie du Goût* aparecido en 1825 el que coloca a Brillat-Savarin entre los más grandes de la gastronomía. Murió pocos meses después de su aparición sin conocer el éxito universal. Efectivamente, no se trata de un recetario sino de una apasionante serie de meditaciones gastronómicas, a la vez científicas y filosóficas. El título no debe desalentarnos ya que la obra está llena de anécdotas, recuerdos y memorias, que en un estilo divertido, aunque riguroso, nos permite conocer todo lo que hay que saber sobre la gastronomía de la época.

Sus aforismos (máximas) son célebres entre otros este: «El placer de la mesa es para todas las edades, para todas las condiciones sociales, para todos los países y para todos los días. Se puede asociar a todos los otros placeres y será el último en consolarnos de la pérdida de los demás.»

ALEXANDRE BALTHAZAR GRIMOD DE LA REYNIÈRE (1758-1837)

El 20 de noviembre de 1758 nace en París, en el seno de la aristócrata familia de los Grimod de la Reynière un bebé prematuro, con dedos malformados y que, en principio, no puede sobrevir. Rápidamente, se le bautiza como Alexandre, murió setenta y nueve años más tarde, el día de navidad de 1837, en Villiers sur Orge.

Descendiente de una familia de varias generaciones de Intendentes Agrícolas Reales (financieros encargados de la recaudación de impuestos), Alexandre molesta a causa de su discapacidad, razón por la cual su educación se confiará exclusivamente a los sirvientes. A los once años, Grimod de la Reynière entra en un pensionado y sigue los cursos del Instituto Louis-le-Grand en París. Al cabo de sus estudios es abogado y periodista.

Apartado del entorno familiar, Grimod de la Reynière se mostrará rebelde y agresivo, contra la sociedad en general y contra la burguesía en especial, durante toda su vida.

En su rica casa de los Champs-Elysées los padres de Grimod organizan conciertos, recepciones y grandes cenas en las cuales el chef de cocina Morillon exhibe sus capacidades. Ciertamente es el origen del culto que Alexandre Balthazar profesará a la buena mesa.

Sin embargo, se aparta «al pequeño monstruo» de esta vida parisiense y se obliga a Grimod a viajar. Primero, por las provincias y luego a Suiza. De vuelta en Paris, Grimod provoca su primer escándalo gracias a una cena extravagante durante la cual ridiculiza las costumbres burguesas de la época. Más tarde, escribe un panfleto contra la justicia.

La sanción no tarda en caer; una carta con sello del rey le obliga a residir en una abadía de Lorraine. Al cabo de dos años, marcha a Suiza y finalmente a Lyon donde, discretamente, durante la Revolución, se convierte en negociante (en paños, sombreros, embutidos...)

Tras ocho años de ausencia, vuelve a Paris. Hombre de letras y fino gourmet, Grimod tiene una brillante idea. ¿Por qué no publicar un periódico donde presentar y comentar un «itinerario» de cafés, restaurantes y tiendas, sobre todo en estos momentos en que se abre uno tras otro? Esta publicación será *El Almanaque Goloso*. La primera edición, que aparece en l802 tiene 280 páginas y obtiene un éxito excepcional. Es el nacimiento de un nuevo estilo literario: la crítica gastronómica. Al año siguiente, Grimod crea los «Jurados degustadores» que se reunirán todos los martes para apreciar y criticar las recetas preparadas o los productos recibidos para obtener la «legitimación» (conclusiones) que luego serán publicadas en el *Almanaque goloso*.

Progresivamente, las apreciaciones sobrepasan el marco estrictamente gastronómico, para atacar la vida privada de comerciantes y restauradores. Será el comienzo de los procesos y la decadencia. Las ediciones se interrumpen tras el octavo número.

Tras un último acto brillante el 7 de julio de 1813, en que convoca a sus amigos a sus pseudo-funerales, Grimod de la Reynière se retira a una propiedad de la región parisina en Villiers sur Orge, donde morirá el 25 de diciembre de 1837.

Esta era la verdadera inscripción en los registros de la parroquia golosa. Y, tal como se haría para extractos de nacimiento, o de bautismo, los *traiteurs*, restauradores y otros «comerciantes en vituallas», se precipitaban para obtener los certificados que pegaban en sus vitrinas. Había nacido la práctica de los sellos de marca y otras recomendaciones.

Las denominaciones culinarias

El hecho de bautizar los platos es una de las particularidades de la gran cocina. El nombre debiera explicar el modo de preparación del plato, y la mayoría de las veces, no atañe al campo semático culinario: nombres de lugares, de personajes, nombres procedentes de la mitología... ¡Así encontramos *filetes de buey Wellington, langostas Bellevue, sopas Esaü, cremas Lavallière, guarniciones Excelsior, cremas Chantilly, Moscovitas*...!

El fenómeno parece comenzar con Massialot hacia finales del siglo XVII. Hasta entonces, los platos llevaban denominaciones descriptivas que todo el mundo podía identificar. No había necesidad de explicación. Es el caso, por ejemplo en *Le Viandier* de Taillevent, en el que se puede descubrir el *capón con hierbas*, el *capón relleno, el plato de cisne revestido con su piel y sus plumas*, o incluso en *Le Cuisinier François*, de 1651: *la barbada en caldo*, las *sillas de cordero en salsa*, los *buñuelos de rana* o también *el hígado de corzo en tortilla*. El envejecimiento del vocabulario o la ortografía de la época pueden tal vez ser un obstáculo para nosotros, pero en principio, se comprende perfectamente cómo son estos platos.

Aunque La Varenne, el autor del *Cuisinier François* sea conocido en la historia de la cocina por la creación de la *Duxelles* (1) y haya dado su propio nombre a una de sus preparaciones, *los huevos a La Varenne*, las denominaciones culinarias representan solamente el 0,02% de las 749 recetas de su libro.

---

(1) Sin embargo, no se la encuentra en su obra.

En 1691, en *Le Cuisinier Royal et Bourgeois*, de Massialot, se cuentan ya 10,2% y 14,5% en la edición de 1774 de *La Cuisine Bourgeoise* de Menon.

Hasta entonces, se trata de una práctica relativamente marginal. Luego, bajo el impulso de Grimod de la Reynière y los jurados degustadores, se generaliza el uso de denominaciones. En *L'Art de la Cuisine Française au 19ème siècle*, de A. Carême se encuentran entre las 1347 recetas no menos de 808, o sea un 68,67% . La proporción crecerá aún más con *Le Guide Culinaire* de Escoffier en 1903. A tal punto que Th. Gringoire y L. Saulnier publicarán en 1914 un repertorio de la cocina que no es otra cosa que denominaciones seguidas de más de 7000 fórmulas. «Nuestro fichero -dicen los autores- tendrá cierta utilidad para los cocineros (se les puede creer, ¡van ya por la edición número treinta y siete!) ya que ninguno de ellos, ni el más instruído, puede guardar en la memoria todas las recetas de la cocina antigua y moderna. Con el repertorio, que siempre puede tener a mano encontrará incluso, en pleno *"coup de feu"*, la receta solicitada.»

Ese repertorio será también de utilidad constante para los directores de sala, que hasta entonces no disponían de ninguna obra que les permitiera indicar a los clientes la composición de los platos que figuraban en las cartas de los mejores establecimientos."(1)

Los grandes personajes

Se pueden distinguir dos grandes categorías de personajes en materia de denominación culinaria:

• los grandes nombres de la cocina

Ya sea porque ellos mismos hayan ligado su nombre a una técnica particular, o bien porque sus discípulos han hecho lo necesario para hacerles justicia y conservar su memoria. Es el caso de los filetes de lenguado a la Dugléré, de las Paillardes de ternera, etc...

• los representantes de las artes, las letras o la aristocracia

Esta técnica asocia el nombre de un personaje prestigioso a una preparación: es la *sopa de puré de caza a la Rossini* o el *puré de champiñones a la Laguipierre*. Si existen a veces anécdotas que unen un plato al personaje (lo cual no es frecuente) son menos importantes que la sintaxis. (2) El primer nivel de esta sintaxis consiste en sacar al alimento de su banalidad, izarlo a un mundo glorioso, donde vive su ilustre padrino. «El capón no es entonces un gallo vergonzoso,

Coup de feu
Momento del servicio en las cocinas de los restaurantes, en que el *coup de feu* (disparo de salida) es doble: los hornos están al máximo de calor y el ambiente de trabajo está recalentado.

(1) Th Gringoire y L. Saulnier: *Le répertoire de la cuisine*. Prólogo de Dupont y Malagat Gueriny sucesor, 1980 (37 ediciones), primera edición 1914.
(2) J.P. Aron.

privado de sus atributos principales, sino una celebridad que se une a otras celebridades». Al actuar así, el alimento eleva al comensal a ese panteón, a esa vasta casta y cuando lo consume, lo asimila, interioriza el prestigio, la nobleza del nombre prestado. Se comprende por ello la explosión de esta práctica en el período post-revolucionario. Para el nuevo rico en busca de legitimidad, comer *arroz Condé* es ennoblecerse, al consumir los atributos del alimento emblemático de uno de los nobles más importantes.

Gran parte de las denominaciones que utilizan nombres de personajes del Antiguo Régimen serán utilizados por A. Carême (y otros) mucho después de la Revolución, sin que haya la menor relación histórica entre los individuos de referencia y el plato.

Para terminar, otra forma de denominación consiste en bautizar un plato con el nombre de uno de esos nuevos ricos de la burguesía o de esos nuevos políticos del Imperio o de las Repúblicas. Supremo honor, ya que esta práctica los reconoce, y con ellos, se reconoce también a la nueva clase, digna de prestigio, a la que pertenecen; es decir, los iguala a los representantes del Antiguo Régimen.

Este ennoblecimiento simbólico resulta tan importante para los gastrónomos, que Grimod de la Reynière protesta contra la falsa nota que constituye, a sus ojos, la sopa a la Necker: «En cuanto a la sopa a la Necker, es sin duda por ironía o antítesis que se la ha llamado así, puesto que es excelente; y en cambio ese hipócrito y vanidoso viejo, primera causa de todos los males que han asolado a Francia durante quince años, no podría parir nada bueno.»

No hay que creer que después de la Revolución, las denominaciones que utilizaban nombres de nobles de la monarquía hayan desaparecido. Hay terrenos en los que la caza de brujas es un contrasentido y la gastronomía es uno de ellos.

La lista, por el contrario, se alarga ya que nuevos nombres aparecen para garantizar la «nobleza» de los padrinos del Imperio y de las Repúblicas.

Muchos de los nuevos-antiguos nombres tienen como función reunir la gastronomía y lo cultural; ¡incluso se solicita a Descartes y Fenelon!

Una visión del mundo

Si para Grimod de la Reynière las denominaciones culinarias tienen ante todo una función evocadora, poética y sirven de amplificador al placer goloso; no dejan de traducir, sin embargo, las mentalidades de esta época y los sueños o las ambiciones de una sociedad que acaba de vivir profundos cambios políticos.

Las numerosas denominaciones de lugar, ya fueran regionales, de ciudades francesas o extranjeras, de países, traducen el mito napoléonico, al que Carême, por ejemplo, era extremadamente sensible (1): el de una Francia centralizada y al mismo tiempo centro del mundo.

---

(1) Ver la *Notice Historique et Culinaire sur la manière dont vivait Napoléon et Traits de gastronomie, de brusquerie et de générosité de l'Empereur Napoléon,* (Noticia histórica y culinaria de la manera en que vivía Napoleón y Rasgos de gastronomía, brusquedad y generosidad del emperador Napoleón) en los cuales nos habla con nostalgia de «esas épocas tan extraordinarias» por la influencia que ejercieron en la cocina moderna «en aquellos tiempos en que el nombre de ese gran hombre llenaba el universo». A. Carême

Alrededor de Francia se distribuyen no solamente las naciones europeas, sino también el resto del mundo: América, India, China, Mongolia... El mundo entero gira alrededor de Francia. Ya que no debemos pensar que las recetas a la mongol, o a la china sean platos de la cocina tradicional de dichos países. ¡De ninguna manera! Apenas algunas veces un ingrediente del plato encuentra allí su origen. Francia está en la cima de la cultura culinaria, y es Francia quien se replantea a la luz de su ciencia la cocina del mundo entero. (Por otra parte, esta es la época de las grandes expediciones coloniales).

La unidad nacional... ¡alrededor de París!

Puesto que Francia es el centro del universo, y París el centro indiscutido de Francia, París es el centro del universo. «Bajo el Primer Imperio, el centralismo se erige como visión del mundo: la gastronomía se alinea con las instituciones oficiales. Pero así como el ministerio del Interior no es un mosaico de administraciones departamentales, la gastronomía no se limita a yuxtaponer las especialidades de los terruños: el particularismo de los gustos desaparece en una sensibilidad global.» (1)

«París -dice Grimod de la Reynière- ...se ve como la capital de Europa y como la ciudad del mundo que más extranjeros visitan, con mayor frecuencia y con gran placer... Es indiscutiblemente el lugar del universo donde se come mejor y el único capaz de enviar excelentes cocineros a todas las naciones civilizadas del mundo.

»Aunque París no produzca nada, puesto que no crece una espiga de trigo, ni nace un cordero, ni se cultiva una coliflor, es un centro donde todo llega desde todos los sitios del globo, porque es el lugar donde mejor se aprecian las cualidades respectivas de todo lo que sirve para nutrir al hombre, y donde mejor se sabe transformarlo en provecho de nuestra sensualidad.» (2)

París es el centro hacia el que convergen las riquezas de las provincias. Y hasta el viaje de esas riquezas exalta sus cualidades. «La ternera es mejor en París que en cualquier otra parte...» (3)

De la misma manera que las cocinas extranjeras, las cocinas regionales no tienen otro interés que los productos que ofrecen... «La mejor galantería que los provincianos puedan dirigir (a los parisinos) es sin duda una cesta cuyo envío esté pagado.» (3) Una cesta significa productos no cocinados, porque que la cocina, la verdadera, la importante, sólo sabe hacerse en París.

(1) J. P. Aron.
(2) Grimod de la Reynière: *Itinéraire Nutritif* en *Almanach des Gourmands*, 1er año, en *Ecrits gastronomiques*.
(3) Grimod de la Reynière, *Almanach des Gourmands* en *Ecrits gastronomiques*.

El siglo XIX

El Siglo de Oro de la gastronomía francesa

En el siglo XIX, verdadera «edad de oro» de la cocina francesa, se afirman los grandes principios que harán de ella el modelo de la gastronomía internacional. Para empezar, se constatan cambios profundos en la organización del servicio de la mesa. A causa de exigencias comerciales y sociológicas, se abandona el fastuoso servicio a la francesa para adoptar una forma más igualitaria pero no por ello menos brillante: el servicio a la rusa.

Esta modificación de la manera de servir tendrá grandes repercusiones sobre el trabajo de cocina, especialmente en lo que se refiere a la decoración de los platos.

En fin, los progresos de las ciencias experimentales relegan la preocupación alquimista de perfección de los cocineros, a una actitud más racional con respecto a los fenómenos físico-químicos que se utilizan en la cocina, y permiten desarrollar, combinar y teorizar la ciencia culinaria.

El restaurante impone nuevas formas de servicio

Vender una comida con servicio a la francesa, no plantea verdaderos problemas, siempre que sea encargada con antelación y que el número de invitados sea importante. ¿Pero cómo preparar y sobre todo facturar las comidas improvisadas para pocos cubiertos, que constituyen la mayoría de la clientela de un restaurante? Las exigencias comerciales imponen rápidamente la venta de las comidas plato por plato. Y así aparece la carta.

Sin embargo, la manera de vender un producto depende también del deseo de quien lo compra.

Los restaurantes se llenan de nuevos ricos de la Revolución quienes, sorprendidos por su nueva situación, sienten nacer en ellos un deseo ambivalente con respecto a las señas de su reciente mutación.

«Actualmente, basta con observar: la excelencia plebeya se muestra en los bulevares, donde ostenta los signos de su progreso» (1); al mismo tiempo que trata de esconderlo, porque los nuevos ricos «avergonzados de su súbita opulencia... descubre en las avenidas no osan mantener una casa, exponer un lujo en la mesa que hubiera podido traicionarles.» (2) La época del Terror no está lejos... A estos clientes, el servicio plato por plato les conviene perfectamente: no hay demostración ostentosa, no se ven grandes piezas como un espectáculo; los platos se suceden sin quedarse en la mesa que, a partir de entonces,

---

(1) J.P.Aron: prefacio a N. de Rabaudy *Léonel, Cuisinier des Grands* Presse de la Renaissance, 1978.
(2) Grimod de la Reynière.

parece vacía y de la cual todo se quita, hasta la última migaja. De hecho, la mesa se llena en la duración. El vacío aparente, el mito igualitario para la buena conciencia, la duración y el lugar para la ostentación.

Más tarde, esos mismos golosos que, poco antes, enrojecían por su nuevo estatuto, se acostumbran poco a poco, al mismo tiempo que el público se habitúa. Es entonces cuando «comienzan a montar mesas suntuosas», emplean a su vez a los cocineros y comienzan a leer a Grimod de la Reynière y a Brillat-Savarin.

¡Curiosa vuelta de tuerca! ¿No es acaso en las mansiones señoriales donde reina la gula, hacia finales del siglo XVIII? Los vencedores de la nobleza la envidian hasta la ruina, codiciando una legitimidad que no reposa sobre la riqueza, ni el poder, sino sobre el prestigio". Ese prestigio que tan bien destilaba el servicio a la francesa, confiriendo al anfitrión la gracia natural susceptible de fundar su poder.

El método a la francesa (a veces ligeramente modificado) volverá a reinar en las casas burguesas de los políticos y los militares del Imperio.

A partir de entonces, existen dos «mundos» gastronómicos: el de los restaurantes donde se sirve plato a plato y el de los palacetes particulares, donde se pone en práctica un servicio bastardo, compromiso entre las dos técnicas.

El servicio a la rusa

"En el servicio a la rusa, explican U. Dubois y E. Bernard, los fuentes calientes no llegan a la mesa: los alimentos se cortan en la cocina, se decoran y luego se envían al comedor para presentarlos a los invitados. Las piezas grandes, demasiado voluminosas para pasar alrededor de la mesa, pueden cortarse directamente en el comedor y, servidas luego en platos calientes, se hacen llegar a los comensales.

El invitado se sirve de la fuente que se le presenta, los manjares se han cortado en la cocina. «Los sirvientes o el jefe de comedor deben estar atentos y facilitar tanto como sea posible la tarea de los invitados...»

Si la pieza que se debe servir es demasiado importante, se cortará en un trinchero aparte. Era la solución adoptada por el servicio a la francesa, en la época de los «Reposteros Mayores» pero, contrariamente al antiguo método, la fuente no se habrá situado previamente sobre la mesa. Esta parte del servicio a la rusa fijará la técnica y más tarde, se servirán así todos los platos. Incluídos los que hayan sido cortados en la cocina de antemano, por razones tècnicas de cocción (carne asada, cocida, salteada, frita...)

Este sistema permite resolver el problema principal que planteaba el servicio a la francesa: la espera del producto. «La única objeción que se pueda formular contra este sistema (a la francesa) por otra parte tan agradable a la vista, es que ese lujo del servicio se efectúa, en cierta forma, en detrimento de la cocina. Así, en un servicio complicado, los manjares expuestos a la mirada de los comensales, sobre todo los que deben comerse en último lugar, las entradas calientes por ejemplo, conservan dificilmente un calor suficiente para comerse en las mejores condiciones, ya que se ofrecen a los comensales largo tiempo después de servirse». (1)

---

1) U. Dubois y E. Bernard.

La búsqueda del momento en que se reúnen todas las condiciones para que el sabor esté en su apogeo y el respeto por el carácter efímero de toda obra culinaria, sustituyen la preeminencia de lo espectacular, de lo visual, propio del servicio a la francesa, por una estética del sabor y una nueva definición del alimento.

El gusto triunfa sobre la vista. Se pasa de una organización donde el espacio era primordial a una organización cronológica que integra la duración del ciclo digestivo. No hay más servicio, sino una sucesión de platos que aparecen en un orden preciso.

El menú que antiguamente era simple nomenclatura de los platos presentados en cada servicio (y que ni siquiera era indispensable comunicar a los comensales ya que podían verlos sobre la mesa, antes de escogerlos) (1) se complica y aparecen nuevas reglas para organizar la sucesión de platos y su orden de aparición.

He aquí, como ejemplo, este menú de ochenta cubiertos, servidos de a ocho, que proponen U. Dubois y E. Bernard en *La Cuisine Classique*:

MENU DE 80 CUBIERTOS
SERVIDOS DE A OCHO
Servicio a la rusa

Soperas:	4 - Potaje de cebada montada a la Orleans
	4 - Consomé con ravioles
Entremeses	4 - Pequeños volován de Prince
	4 - Empanadas a la Montglas
Pescados	4 - Barbadas, salsa de camarones
	4 - Filetes de pescadillas a la Horly
Grandes entradas	4 - Filete de buey a la napolitana
	4 - Pavo relleno a la Imperial
Entradas	4 - Corona de filetes de lebrato
	4 - Timbales Agnes-Sorel
	4 - Rodajas de salmón con gelatina
	4 - Costillitas de foie-gras Lúculo
	Punch helado
Asados	4 - Capones asados - Berros
	4 - Gallinas de Guinea mechadas
Verduras	4 - Trufas a la italiana
	4 - Puntas de espárragos con huevos
Postres	4 - Pastel Mazarin de piña
	4 - Pannequets a la Royale
	4 - Frutas pochadas, con gelatina y crema
	4 - Crema francesa al marrasquino
A los Costados	4 - Timbal a la Châteaubriand
	4 - Sultana en cascada

---

(1) U. Dubois et E. Bernard.

Contrariamente al servicio a la francesa, en el cual «el orden de los comestibles es, de los más sustanciosos a los más ligeros» (1), aquí asistimos a un movimiento de crescendo y descrecendo que tiene como apogeo el asado.

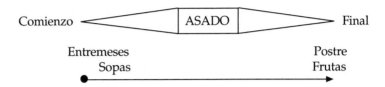

Las reglas de la sucesión de vinos siguen siendo idénticas a las del servicio a la francesa, es decir que van desde el más ligero al que tenga más cuerpo (del más **lampant** al más perfumado); hasta el postre, cuando aparece una categoría particular, los vinos dulces. Orden de platos y orden de vinos progresan pues en el mismo sentido y las reglas de asociaciones son más precisas aún, entre los platos y los vinos.

Para subrayar aún más la importancia el punto álgido de una comida, el asado, se puede crear una especie de reposo (antes del asado) en el que se servirá una **nieve**, un punch, un sorbete o un **spoon** (2) es decir, un alimento líquido, azucaradado, a menudo helado; exactamente el contrario gustativo del asado, seco, salado y caliente, lo cual resaltará aún más el plato de carne.

Se utiliza pues un fenómeno de complementaridad sensorial bien conocido en la percepción visual.

El spoon, la nieve... saturan el paladar de una impresión de frío, dulce, líquido y por ello producen una sensación complementaria que prepara a una percepción máxima del asado.

Las reglas del encadenamiento de los modos de cocción, evidentes en el estudio del servicio a la francesa, vuelven a verse aquí: las cocciones mojadas (hervidas, braseadas...) preceden a los asados. El orden de progresión de sabores sigue siendo el mismo, la comida va de lo salado a lo dulce.

Por el contrario, el pescado hace su aparición en tanto que plato autónomo, cuyo lugar se sitúa en las entradas.

Lampant
Brillante, claro.

Nieve
Almíbar muy ligero (14 grados en el pesa-almíbar) trabajado como un granizado.

Spoon
Sorbete aligerado, de "merengue italiano". A. Escoffier: "Le Guide Culinaire".

---

(1) Brillat-Savarin *La Physiologie du Goût*.
(2) L. Leospo: *Traité d'Industrie Hôtelière*.

Mientras que en el servicio a la francesa los pescados no constituían una categoría en sí mismo ... El método de cocción era el elemento distintivo, que permitía su clasificación ya fuera entre las entradas o entre los asados. En cuanto el pescado se coloca con categoría de plato, el cambio de estatuto convierte en antinatural la mezcla de pescado-carne en un mismo plato, tan frecuente en la cocina de los siglos XVII y XVIII.

Por otra parte, las reglas de la conveniencia se modifican. Si bien el anfitrión y sus huéspedes siguen siendo privilegiados, los demás invitados no sufren la discriminación: incluso en la punta de la mesa, pueden comer como los demás, no esperar y sobre todo, no sufrir ninguna humillación. En efecto, «la etiqueta exige que los platos sean presentados primero a las personas más importantes pero, al margen de esta obligación particular, las conveniencias exigen que al final de cada serie de platos, se comience por el invitado que, en el servicio anterior, fue el último.»

El jefe de comedor tiene ahora un papel preponderante: comerciante un poco artista, muy diplomático, debe comprender y suscitar intuitivamente el deseo del consumidor.

«Para ser un excelente jefe de comedor francés no sólo hay que conocer la cocina, y hablar al menos inglés, sino que hacen falta aptitudes especiales: adivinar con tacto lo que puede complacer a uno, no gustar a otro, y el problema se resuelve tras un rápido examen del temperamento, la nacionalidad, la edad, el sexo y la disposición de espíritu de quien va a comer.» (1)

La función del jefe de comedor no acaba en ese trabajo de educación, también «debe realzar por todos los medios y rodear de atractivos los platos que sirve. En efecto, un plato sabiamente preparado por un excelente cocinero, puede pasar desapercibido, despreciado, si el jefe de comedor, que se convierte en director de escena, no sabe presentar la obra de manera que resalten sus ventajas y el deseo de comerla».

Así nace todo un complemento del servicio, propio a la práctica de restaurante: las técnicas de flambear, cortar y trinchar que se extienden a medida que se pierde el miedo a demostrar la riqueza. Sobre el velador, que sólo constituía una etapa técnica entre la cocina y la sala, acontecen ahora gran número de operaciones.

El espectáculo se desplaza y la acción no ocurre en la mesa sino en el velador que se ha aproximado sensiblemente a la mesa. Los invitados, en sus butacas de primera fila, se maravillan del talento del jefe de comedor, quien rodeado de sus acólitos: jefe de rango, medio-jefe de rango, encargados de reti-

(1) J. Favre: *Dictionnaire Universel de Cuisine* 1883/1890.

rar la mesa... que lo valorizan, roba el papel principal al anfitrión y hace depender de él al cocinero. El espectáculo se monta, los efectos especiales sabiamente dosificados: corte de pescados con cuchara y tenedor, ya que la carne es demasiado delicada para usar el cuchillo (1); trinchado de las carnes asadas con un cuchillo de más de 30 centímetros que vuela en torno a las piezas, produciendo la fascinación de los espectadores... Hasta los fuegos artificiales del final, cuando el azúcar, espolvoreada sobre las llamas de los crêpes flambeados, se enciende en una multitud de estrellitas.

El jefe de comedor se convierte en una especie de dramaturgo, de mago que reina sobre el restaurante. Es así como aparecerán más tarde las grandes figuras de la sala: los Alexandre de la *Tour d'Argent* o los Albert de *chez Maxim's*. Si los cocineros han inventado la restauración, su desarrollo se lo debemos a los jefes de comedor.

Alsaciana preparando la pasta, grabado del siglo XIX

---

(1) Hay antinomia de tipo simbólico entre el cuchillo que puede ser la herramienta de la violencia y el pescado, símbolo del sacrificio en la mitología cristiana. Jesús multiplicó en la montaña los peces y el pan. Cristo resucitó y los comió (Lucas, 24, 42). Se convirtieron en símbolo de la comida eucarística, y por eso se comprende el tabú del cuchillo que atañe conjuntamente al pan y al pescado.

El servicio a la francesa

Paralelamente, en la intimidad de los palacetes particulares, el servicio a la francesa sigue vigente aunque el número de platos por servicio disminuye. Antonin Carême cambia un poco las reglas e imagina nuevos guisados, complica las guarniciones de sus platos para compensar la falta de diversidad en los servicios lo cual le parece una decadencia.

«Desde el renacimiento de la cocina frances nunca hemos servido tan pocas entradas para el número de comensales invitados en las casas opulentas de Paris. Servimos ocho entradas cuando harían falta doce... Me parece más conveniente, para salvar la ciencia del naufragio, servir cuatro grandes piezas con las cuatro entradas (cosa que nunca hemos hecho, en ninguna época) más que dos grandes piezas con seis entradas. Con esta nueva combinación, mis grandes piezas reemplazan el escaso número de entradas... Ese nuevo tipo de trabajo me ha exigido nuevos guisados, para servir esas entra-

ANTONIN CARÊME (1783-1833)

En julio de 1783 nació en Paris, Marie-Antoine Carême, llamado Antonin, el menor de los hijos de una familia numerosa y menesterosa. Su padre, obrero de la construcción, cuando su hijo cumple diez años, exige que se apañe solo y lo abandona en el límite sur de París. Recogido por el propietario de una venta del barrio, Antonin trabajará con él durante cinco años, comenzando así su aprendizaje de la cocina popular.

Decidido a obtener una formación completa, a los quince años entra en Chez Bailly, pastelero-*traiteur* muy conocido. En sus horas libres, estudia el grabado, las artes liberales y especialmente la arquitectura. En Bailly se convirtió en el especialista de las piezas montadas.

En 1802, seguro de su formación y conociendo bien las grandes casas adonde llevaba los pedidos, Carême decide trabajar solamente como extra. Durante este período

que va hasta 1813, trabajará con los grandes cocineros y pasteleros de entonces: Avice, Feuillet, Lecoq, Lasnes, Laguipiè-re. En ese momento se inicia su pasión por la escritura.

En 1815, es jefe de las cocinas del Emperador Alejandro, zar de Rusia. Luego, en 1816 entra al servicio del Príncipe de Gales en Brighton antes de marchar en 1819 a la corte de Rusia. Como las condiciones de trabajo no le convenían volvió a Francia. Extrañaba su país y sólo en París tiene tiempo para escribir. Carême termina su brillante carrera en casa de los Rotschild tras pasar cierto tiempo en casa de la Princesa Bagration.

Carême posee un sentido de la organización muy riguroso que hizo apreciar especialmente en Vertus (tres banquetes en tres días, lejos de la capital y con enormes dificultades de aprovisionamiento) y en la Corte de Francia en un banquete de 1200 cubiertos.

En fin, Antonin Carême es el maestro indiscutido de los bufetes monumentales, en los cuales presenta piezas que recuperan todos los símbolos de los constructores, con una armonía y un equilibrio notables.

Su obra es importante y le debemos: *Le Pâtissier Royal, Le Pâtissier Pittoresque, Le Maître d'hôtel Français, Le Cuisinier Parisien* y en fin, *Le Cuisinier Français au 19ème siècle* (en cinco volúmenes) cuyos dos últimos tomos fueron redactados después de su muerte gracias a las notas de su amigo Plumeray.

Sin duda, el ilustre Carême es el más importante maestro de la cocina moderna.

das y grandes piezas con mayor variedad y elegancia». (1) U. Dubois y E. Bernard (como hemos visto) duplican los platos en las diferentes series de servicio a la rusa.

Influencia del servicio en la decoración de los platos

El producto merece ser respetado y comido en su punto de suculencia máximo, por eso es imposible hacerlo esperar para decorarlo largamente. Esta coacción, en lugar de eliminar el arte de decorar, lo redoblará: es imposible servir una comida en una mesa vacía y carente de lujo.

Se desarrollan entonces dos tipos de decoración: el de los platos calientes, que no deben esperar y el de los platos fríos y la pastelería que soportan mejor los estragos del tiempo.

Los platos calientes

Para los platos calientes, el trabajo de decoración va en dos direcciones: soporta, realza el plato, al mismo tiempo que lo corona. Los soportes comprenden tampones, fondos de apoyo, picatostes, zócalos y bordes. Se preparan con pan frito, sémola, *pamine*, arroz, pasta de tallarines, que tienen como función realzar la pieza, para «darle más elegancia»... Esos soportes, ricamente trabajados pueden prepararse con antelación, y no perturban la frescura de la pieza.

«Evidentemente no son obligatorios pero de alguna manera se vuelven indispensables en las mesas de los grandes señores y anfitriones que quieren seguir las buenas tradiciones y al mismo tiempo poner en consonancia el bienestar (2), el lujo y la elegancia.» (3)

Las broquetas que también pueden prepararse de antemano, servirán para coronar los platos.

Inicialmente, las broquetas sirven para fijar las piezas que se van a asar en los espetones. «He indicado que se utilice una gran broqueta para mantener el rosbif en el espetón, porque es el procedimiento que más se utiliza en nuestras cocinas.» (4)

Ya Massialot sabía hacer *hâtelettes*, pequeñas broquetas de molleja de ternera y cerdo, que servía como entremeses o a veces, empanadas y asadas o fritas, como guarnición de un asado. (5)

Más tarde, Carême comienza a hacer de ellas piezas para decorar, en las que fija trufas, verduras recargadas de adornos, cangrejos, crestas de gallo... Y no sólo las pincha en

(1) Cf. U.Dubois y E. Bernard: *La Cuisine Artistique*. Dentu 1814. Cf también A.Carême: *Le Pâtissier Pittoresque*, 1815 y F. Marrec: *Traité Général de l'ornamentation artistique dans la cuisine*. Culina.
(2) Se entiende por bienestar, el gusto de la pieza.
(3) U. Dubois y E. Bernard.
(4) A. Carême.
(5) Cf. *Le Cuisinier Royal et Bourgeois*.

los asados sino también en los platos hervidos, en las entradas...Coronada así por las riquezas que la rodean, la sobriedad de la pieza se vuelve aceptable.

Los platos fríos

La decoración llegará a su apogeo en los platos fríos. «De buenas a primeras parecería que una cena así servida (a la rusa) deba dejar la mesa vacía, y en consecuencia, desprovista de ese lujo que nos encanta encontrar en este tipo de reunión. Esta suposición no tiene fundamento, ya que las piezas frías, los entremeses fríos, las pastelerías y el postre pueden servirse simétricamente en la mesa, desde el comienzo de la cena, y, la mayor parte quedarse expuestos allí durante toda el tiempo de la comida.»

¡Los cocineros y los jefes de comedor tienen una gran libertad para adornar la mesa y lucir sus capacidades, sobre todo en los manjares que mejor se pueden adornar (1). Aparecen (2) entonces decoraciones de una complejidad increíble, que exigen semanas de trabajo, en las cuales se expresa una verdadera megalomanía. Las piezas representan monumentos antiguos, ruinas, promontorios de rocas de azúcar... donde se mezclan las influencias del romanticismo y el deseo inconsciente de la burguesía de apropiarse de la cultura clásica (3), comiéndola, fagocitándola.

También publicará en 1825 dos obras consagradas a la arquitectura: *Projets d'architectures*, dedicadas a Alejandro Ier y *Projets d'embellissement de Paris* (dedicado más tarde a Carlos X).

---

(1) U. Dubois y E. Bernard: *La Cuisine Classique*. T 1.

(2) Todo este desarrollo tan complejo se lo debemos a A. Carême en *Le Pâtissier Pittoresque*, ya citado. Desde muy joven, Carême se interesó por la arquitectura.

(3) Cf. D. Rabreau: *Carême, le citoyen architecte* en *L'Art Culinaire au XIXe siècle. A. Carême. Maire du IIIe arrondissement*.

URBAIN DUBOIS
(1818-1901)

En Trets, en Bouches de Rhône nació en l818, Urbain Dubois. Ese talentuoso cocinero marca un momento importante en la evolución de la cocina, porque continúa la obra de Antonin Carême y tiene como alumno a Auguste Escoffier.

En las cocinas de Rothschild, célebres gracias al maestro Carême, Urbain Dubois realiza su aprendizaje a manos del chef Hans. Más tarde entra en el *Café Anglais* bajo las órdenes de Dugléré y se le encuentra luego en *Tortoni* y en *Le Rocher de Cancale*, donde oficia Langlais, autor del *Lenguado Normando*. Sin embargo, la notoriedad llega a Urbain Dubois como chef de cocina de la Corte del Rey de Prusia, puesto que ocupa en alternancia con Emile Bernard.

La huella de Urbain Dubois es importante, porque se trata de un especialista de la decoración, un innovador del servicio y un gran autor culinario.

Artista-escultor, Dubois tiene particular inclinación por las presentaciones sobre pedestal. Por eso pone a punto mandriles, soportes y tambores (de columna). En todas esas obras de arte, se encuentra al artista, al gran arquitecto que fuera Antonin Carême.

Aparte de esas piezas monumentales, Urbain Dubois renueva el servicio. Sin traicionar a Carême, que mantiene la tradición del servicio a la francesa, en el que todas las piezas se presentan enteras en el bufet, defiende el servicio a la rusa. Los manjares se presentan cortados, lo cual corresponde mejor a las necesidades de la época. Por otra parte, fija una serie de reglas muy estrictas sobre la composición y el orden de los menús.

En fin, Dubois sigue siendo célebre gracias a su obra, escrita a menudo en colaboración con E. Bernard: *La Cuisine Artistique* (2 tomos), *La Cuisine Classique* (2 tomos), *La Cuisine d'aujourd'hui, La Cuisine de tous les pays, L'Ecole des Cuisiniers* y *Le Grand Livre des Pâtissiers et Confiseurs* (2 tomos.). En todas sus obras, Dubois aborda las dificultades hasta el último detalle: explica, demuestra, guía. Fue un hombre de gran experiencia que supo comunicar su sabiduría.

JULES GOUFFÉ
(1807-1877)

En el barrio del Mercado central de Paris (Les Halles) en el número 2 de la calle Saint-Merri, nació en 1807, Jules Gouffe; otros dos varones, Alphonse y Hippolyte completan la familia. El padre era un famoso pastelero. Es por eso que de manera casi natural, los hijos serán cocineros-pasteleros. De los tres, el más famoso es Jules. Contrariamente a sus dos hermanos, realiza toda su carrera en París. Alphonse será Oficial de Boca en la corte de Inglaterra mientras que Hippolyte trabajará en San Petesburgo para el Príncipe de Shouvaroff.

Bajo la férula de su padre, Pierre-Louis, Jules aprende el oficio y, muy pronto, siente atraido por las presentaciones artísticas. Carême, que frecuentaba ese barrio, advierte las piezas expuestas en las vitrinas y emplea a Jules Gouffé, que sólo tiene 17 años, en la Embajada de Austria. Guiado por el maestro, Gouffé progresa rápidamente y hace de extra a su lado. Así, por ejemplo, se ocupa de los platos fríos de una gran recepción para siete mil personas que ofrece el Municipio de Paris, donde diecisiete cocineros trabajan para presentar las piezas frías, dispuestas sobre pedestales.

Más tarde, y durante quince años, trabaja como extra, especialmente en el Palacio de las Tullerías, donde se ocupa de todas las grandes recepciones.

Pero, como la mayoría de los profesionales, Gouffé desea tener su casa y en l846, abre una pastelería, en la calle del Faubourg Saint-Honoré. Exito inmediato: cuatro años después Gouffé emplea a veintiocho obreros. Desgraciadamente, sufre dolores reumáticos y debe ceder su establecimiento en 1855.

Amigo desde siempre de Monselet, del Baron Brisse y de Alejandro Dumas padre, y como el retiro le pesa, cuando sus amigos le proponen dirigir las cocinas del *Jockey Club*, acepta volver a los fogones. Las cenas se realizan en *Le Scribe* y durante la Exposición Universal de 1867 Jules Gouffé expresa todo su talento. Más aún que Carême, sus obras testimonian de un gran sentido del rigor; Jules afirma que trabaja siempre con una balanza y un reloj.

Su primera obra *Le Livre de Cuisine* conserva las ideas fundamentales de Carême, pero de forma más simple, más precisa. Luego, vendrán *Le Livre de Pâtisserie*, *Le Livre des Potages* y *Le Livre des Conserves*, en los que recupera las investigaciones de Nicolas Appert.

Más allá de las recetas, Jules Gouffé expresa las difíciles condiciones del oficio y lucha contra el abuso de aperitivos y tabaco.

Tras la jubilación, termina sus días en su domicilio parisino.

Así pues, «el arte culinario clásico» se constituye por una doble vía de desarrollo: la de las comidas de restaurantes en la cual se complica el servicio y la de las cocinas de las casas particulares donde las guarniciones se multilican y donde el arte de la decoración alcanza cimas nunca igualadas.

Hacia una "ciencia culinaria"

La cocina pretende ser una ciencia (es la época del gran desarrollo de las ciencias experimentales). Esa necesidad se adivina en toda la literatura culinaria del siglo XIX.

Ya sea entre cocineros como Carême en sus *Dissertations Alimentaires et Culinaires*, o como U. Du-bois y E. Bernard, que piensan que la cocina «puede tener la importancia de una verdadera ciencia» y «que un libro culinario serio, metódicamente razonado, apoyándose por una parte en preceptos enseñados y por otra en la experiencia y la práctica era necesaria; lo reclamaban las necesidades de la época y hasta se esperaba con impaciencia. Ya que, desde Careme, el cocinero que más se ocupó del futuro del oficio y que fue el primero en tener el insigne mérito de establecerlo sobre bases positivas, no se ha producido ninguna obra importante y completa,que abordara con coraje la gran cocina para tratarla desde un punto de vista moderno».

O bien, como dijo Jules Gouffé: «No he redactado ni una sola de mis indicaciones elementales sin tener un reloj a la vista y la balanza en la mano.» (1)

Favre también se expresa en este sentido: «Ni siquiera menciono la energía empleada, las fuerzas gastadas, las observaciones y experiencias practicadas sin descanso, para abrir un camino lleno de obstáculos que nos permita comprender el problema de la cocina científica...» (2)

Por paradójico que pueda aparecer, las denominaciones culinarias participan completamente de ese vasto proyecto de cientificación de lo culinario. Aparte de sus funciones evocadoras, poéticas, tendrán, casi indirectamente, una influencia sobre el desarrollo de la cocina. Al dar un nombre a los platos y a sus mútiples variantes; al nombrar un elemento constitutivo del plato: guarnición, salsa, método de cocción..., se fija un universo estable en el que se puede desarrollar la teoría culinaria y sus reglas de asociaciones.

Gracias a las denominaciones, y éste no era el objetivo esencial, se pondrá en marcha un sistema de clasificación suficientemente complejo que permita la apertura de la cocina a un infinitud de fórmulas, estado al que llegará al comienzo

(1) Jules Guffé: *Le Livre de Cuisine*, 6ª edición, 1884, reedición Baudoin, pagina 111. (1ªedición 1867).

(2) J. Favre: *Dictionnaire Universel de Cuisine* 1883/1890 (edición de 1910).

JOSEPH FAVRE (1849-1903)

J. Favre nació en Vex, ciudad del departamento de Simplon (Suiza) que en aquella época era francesa. Su padre, magistrado, murió cuando tenía ocho años y su familia no pudo financiar los estudios de medicina que deseaba seguir. Elige entonces, el aprendizaje de cocina. en *Grand Hotel* de Sion (Suiza).

Luego entra como pinche el *Hôtel Metropole* de Ginebra, antes de comenzar un periplo por Europa y especialmente por Wiesbaden, Londres, Berlín. Pero París y su gran cocina le atraen, y en 1869 entra como chef de noche en el *Café de la Paix*, antes de convertirse en chef del célebre *Café Riche* dirigido por Bignon.

Estalla la guerra de 1870 y Favre realiza su servicio militar en el ejército suizo. La cocina le apasiona pero siente la necesidad de introducir más ciencia, más dietética. Al regresar de la guerra, decide alternar las temporadas con períodos de estudio. Seguirá los cursos de la Universidad de Ginebra. En 1880, toma la dirección de las cocinas del *Central Hotel* de Berlín. Sus responsabilidades le impiden entregarse como desea a su pasión por la escritura. Deja entonces Berlín y terminará su carrera al servicio del conde de Eulemberg.

J. Favre publicará el resultado de sus investigaciones realizadas en la Universidad. También servirán de base a su monumental *Dictionnaire Universel de Cuisine et d'Hygiène Alimentaire*. Esta obra comprende cuatro tomos, alrededor de cinco mil artículos, seis mil recetas y numerosas ilustraciones.

En 1877, es el fundador del primer periódico enteramente realizado por cocineros: *La Science Culinaire*. El éxito recompensa la gran calidad de sus publicaciones y Favre decide sobrepasar ese marco para crear una asociación filatrópica: La Unión Universal para el progreso del arte culinario.

Se abrirán ochenta secciones en todo el mundo desde San Francisco hasta Odessa.

La personalidad y las capacidades de Joseph Favre son muy notables y se convierte en 1882, en miembro de la *Societé Française d'Hygiène*. Pero tantas cualidades y tal noción del deber, provocan celos. Desalentado y cansado, Favre decide retirarse a Normandía con su familia. Allí trabaja en la corrección de la segunda edición del *Dictionnaire*. Muere en Boulogne-Billacourt, lejos de los cocineros a los que tanto ayudó.

ADOLPHE DUGLÉRÉ
(1805-1884)

La denominación Dugléré, bien conocida en cocina, es el nombre de un Maestro de los fogones. Este hombre de gran discreción, nos ha dejado poca información sobre su carrera, si se compara a otros literatos y periodistas gastronómicos.

Nacido en Burdeos el 3 de junio de 1805, Dugléré llega a Paris tras su aprendizaje. El talento y el espíritu de creatividad que caracterizan su carrera, son seguramente el fruto sembrado por un maestro ¿pero cuál? Se puede suponer que haya sido Carême porque trabajaron juntos para los Rotschild. Carême termina allí su carrera (1783-1833) y Dugléré oficia hasta la revolución de 1848.

Dugléré pasa como chef al restaurante de *Trois Frères Provençaux*, de 1848 a 1866. Este establecimiento célebre del Palais Royal pertenece a tres provenzales: Barthélémy, Maneille y Simon, que no eran hermanos.

Más tarde, Dugléré trabaja en el Café Anglais. Es la época de la Exposición Universal (1867) y la restauración parisiense conoce una actividad enloquecida. Todos los fiesteros de Europa, desde Rusia hasta Inglaterra, se encuentran en Paris para realizar la gira de los «grandes duques». El *Café Anglais* está de moda y sus salones particulares, como el *Grand Seize*, acogen una clientela rica, divertida, acompañada de las «coquetas», algunas muy famosas, como Anna Deslions.

Para ella, Dugléré crea las famosas *Manzanas Anna*. Luego, seguirán otras recetas: el *Potage Germiny*, para el conde de Germiny, director del Banco Francés; el *capón Albufera* dedicado al Mariscal Suchet, duque de Albufera; el *tronco de barbada Dugléré*. Más tarde, se convierte en consejero culinario del *Café de la Paix* y luego del *Café Anglais*.

Dugléré frecuenta muy poco los medios de la gastronomía. De una gran cultura, está más próximo del mundo artístico y su salario excepcional le permite ayudar a numerosos pintores como Millet y Díaz. Elegante, su estilo hace que los periodistas lo comparen a Hector Berlioz.

No se posee ninguna publicación de Adolphe Dugléré, pero en varias ocasiones Alexandre Dumas le pide consejo para su *Dictionnaire de la Cuisine*. A su muerte, el 4 de abril de 1884, la prensa parisiense es unánime para redactar el elogio de ese gran cocinero que nos dejó excelentes recetas, testimonio de su gran talento.

del siglo XX, de la mano de A. Escoffier.

Es así como, de sólo unas cien recetas clasificadas en *Le Viandier* de Taillevent, se pasa a más de 7000 fórmulas en el *Répertoire de la Cuisine* de Gringoire y Saulnier y eso que se trata de fórmulas que permiten realizar un número mucho más importante de recetas.

La búsqueda del osmazomo

Carême vivirá obnubilado por la búsqueda de lo que él cree ser el principio sápido de las carnes: el osmazomo.

Según Carême, he aquí lo que sucede cuando se cuece la carne: «La marmita se calienta lentamente, el calor del agua se eleva gradualmente y dilata las fibras musculares del buey, disolviendo la materia gelatinosa que tiene entreverada. En este calor medio el cocido se espuma lentamente; el osmazomo que es la parte más sabrosa de la carne, se disuelve poco a poco, da untuosidad al caldo y la albúmina, que es la parte de los músculos que produce espuma, se dilata con facilidad, y sube a la superficie de la olla, en forma de espuma ligera...» (1)

«He aquí los resultados ventajosos de esta operación simple-

(1) A. Carême : *L'Art de la Cuisine française au 19ème* T1.

mente química; mientras que si se coloca, sin consideración, la olla sobre un fuego demasiado fuerte, se precipita la ebullición y la albúmina se coagula, se endurece, porque el agua, que no ha tenido el tiempo suficiente para penetrar en la carne, impide que se desprenda la parte gelatinosa del osmazomo...» (1).

Para Carême se trata de una operación química, pero en realidad, bajo una apariencia de discurso científico, se trata de la búsqueda alquímica de la esencia.

El término, a pesar de haber sido creado por un químico, J. Thénard (1777-1857), decano de la Facultad de Ciencias, nos envía a una noción sensorial, más que a un concepto científico de las propiedades de un cuerpo. Los utilizadores de la noción, si bien están de acuerdo sobre la experiencia sensorial y la percepción gustativa que la acompaña, poseen una definición muy vaga, e incluso contradictoria, del fenómeno químico sobre el que pretenden apoyarse.

Brillat-Savarin que no tiene experiencia en práctica culinaria, pero sí muy sólida en gastronomía, define el osmazomo como «la parte eminentemente sápida de las carnes», y añade, apoyándose en los conocimientos químicos de la época: «es soluble en agua fría y... se distingue de la parte extractiva porque esta última sólo es soluble en agua hirviendo. Al mismo tiempo, esta sustancia es la que forma, cuando se carameliza, el *roux* de las carnes».

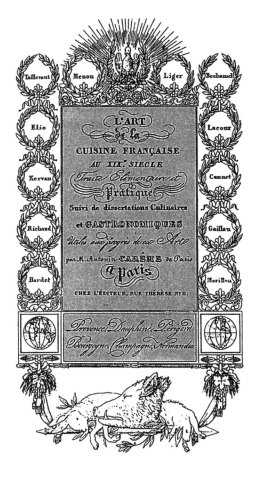

Carême, por su parte, lo cree soluble en agua caliente, a ebullición muy débil. Sabe, gracias a su experiencia culinaria, que «la parte eminentemente sápida de las carnes» no es soluble en agua fría.

¿Qué es en realidad el osmazomo? Guilbert en una nota de *La Physiologie du Goût*, reeditado por Hermann, nos lo presenta como «una mezcla compleja de sustancias orgánicas, como la creatina, la inosita, el ácido láctico...». Pero es prisionero de la definición de Brillat-Savarin que asegura que es soluble en frío. También nos cita elementos químicos, en solución en el plasma; pero esos diferentes elementos tienen poco sabor y en todo caso no se trata del sabor característico de las carnes. De hecho, el osmazomo corresponde a lo que los químicos modernos llaman «pepto-

---

(1) A. Carême : *L'Art de la Cuisine française au 19ème* T3.

nas», es decir hidrolizados de proteínas, cuerpos solubles, que se obtienen en un caldo tras dos o tres horas de cocción.

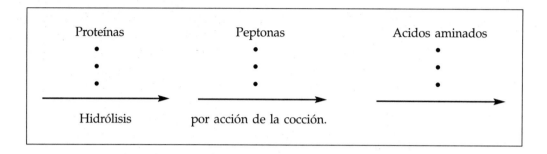

Esas peptonas, de la familia de cuerpos químicos, intermediarias entre las proteínas complejas y los ácidos aminados, pueden obtenerse también por medio de la fermentación. La salsa de soja y el nuoc mâm de los chinos, son hidrolizados de proteínas: la primera, de soja y la segunda, de pescado. La carne, bajo la acción de la ebullición, se hidroliza; una parte de las proteínas se transforma en peptonas que pasan al caldo. Si por ejemplo, el caldo se concentra por ebullición, el sabor aumenta y se obtiene un concentrado con gusto de carne.

Ese concepto de osmazomo es la base del desarrollo de los modos de cocción y de la teoría de los fondos.

Los modos de cocción se diversifican

A medida que la gastronomía se desarrolla y se complica, aparecen nuevos modos de cocción.

Los potajes medievales han desaparecido y aparece una nueva práctica: el braseado, técnica mixta, que comporta dos tiempos bien diferentes: una fase de dorado y una fase de cocción en una salsa contundente, con aderezo aromático.

Las condiciones de la aparición del salteado son muy interesantes. Carême es el primero que expone la teoría.

El salteado, para Carême, no es todavía, verdaderamente, un modo de cocción sino más bien una guarnición aromática muy rica, destinada a dar untuosidad a la pieza (de ave) con la que cocerá, al mismo título que una *mirepoix* o un braseado. Se trata de un conjunto de elementos que comprenden no menos de: «doce onzas de jamón de Bayona, cortadas en dados, así como una libra de tocino graso y dos libras de rodajas de muslo de ternera... mantequilla fina, cuatro zanahorias y cuatro cebollas grandes, igualmente cortadas en dados...un ramillete de hierbas, dos clavos de olor, tomillo, albahaca, un poco de macis, una pizca de pimientas mezcladas y una punta de ajo; todo cocido a fuego moderado y luego mojado con caldo y cocido aún dos horas más. Luego, este salteado se pasa presionando sobre un colador y se utiliza para cocer las entradas y las grandes piezas de ave». (1)

El salteado es, de alguna manera, un jugo extremadamente concentrado en gusto, que sirve a enriquecer el sabor de las aves o de las carnes que se cocerán dentro.

Algunas líneas más abajo, Carême dice que el salteado puede servir para cocinar «algunas otras grandes piezas que se indicará como aptas para saltear». Así se perfila el salteado, elevado al rango de cocción. Pero, en la práctica, la distinción entre salteado y braseado no se plantea aún. Solamente varía un poco la composición. El braseado era aún más rico que el salteado (rodajas de ternera/aguardiente...).

Ambas son cocciones que se operan en un fondo muy sustancioso, «concentrado en osmazomo» y en el interior de un recipiente cubierto, a veces cerrado herméticamente, gracias a un empaste (es decir, colocando entre la cacerola y la tapadera una mezcla de harina y agua que al calor se endurece y cierra completamente la marmita).

El canónigo Chevrier habría inventado «ollas que cerraban con llave» (2) según nos cuenta Brillat Savarin, para impedir que el osmazomo se escapara.

Esas dos técnicas que tratan de luchar contra el empobrecimiento de las carnes durante la cocción, y que además tienen la ambición de enriquecerlas, no son otra cosa, para Carême, para Dubois y Bernard o incluso para J. Gouffé, que unos hervidos especiales, ya que no tienen una fase de dorado preliminar (concentración) y, que se mojan al comienzo, en frío. Veamos por ejemplo, este *centro de ternera braseado a la lyonesa* de Dubois y Bernard: «...Colóquelo en una cacerola ancha, tapizada de tocino y verduras cortadas; añada el ramillete de hierbas; moje hasta la mitad con fondo de *mirepoix*; haga evaporar el líquido en ebullición fuerte durante diez minutos; traslade la cacerola a un fuego moderado, cubra y termine de cocinar la carne, muy suavemente» (3)

El fondo de *mirepoix* es el jugo de cocción de una guarnición aromática, de tocino y rodaja de pierna de ternera de la misma manera que el salteado es un jugo de cocción, pasado por el chino, como recomienda Carême.

J. Gouffé es aún más explícito: «Se advertirá que no empleo en los braseados ninguna clase de aroma, ni verdura. Unicamente mojo con la *mirepoix* que contiene, como se sabe, el jugo de los aromas y de las raíces, lo cual me dispensa de añadir cebollas, zanahorias, clavos de olor, etc. Se obtienen entonces jugos mucho más límpidos y no se pierde la esencia a causa de las raíces que se podrían añadir». (4)

El braseado y el salteado se convierten en intermediarios entre el hervido y el frito. Hay una parte de hervido, la cocción en un líquido, sin fase preliminar de asado o dorado y una parte de, frito: el osmazomo enriquecido que produce la cocina en un líquido graso y sustancioso, así como un comienzo de cocción muy rápido que recuerda la «sor-

(1) A. Carême. *L'Art de la Cuisine française au 19ème* T1.

(2) Brillat-Savarin *La Physiologie du Goût*....

(3) U. Dubois y E. Bernard: *La Cuisine classique* T1.

(4) J. Gouffé: *Le Livre de Cuisine*.

RECULET
(1820-?)

Reculet es sin duda el cocinero más injustamente desconocido. Sus investigaciones son muy interesantes. Es un precursor. Pero, como sucede a menudo, está desfasado con respecto a su tiempo. Trata de introducir la cocina razonada en una época en la que la práctica culinaria se apoya esencialmente en conocimientos empíricos.

Ejerce su oficio de cocinero en las casas burguesas: especialmente en casa de la marquesa de Auteroche y la marquesa de Courtavelle. Además, Charles Reculet es profundamente católico, muy piadoso, incluso místico. Cuando publica en l854 su libro llamado *Le Cuisinier Praticien* lo dedica a la Virgen María. Esta singularidad es seguramente la causa de su marginalización.

La precisión y el rigor de la acción científica merecerían un estudio profundo siempre de actualidad. Recordemos dos rasgos esenciales.

Para empezar, Reculet reagrupa los platos según las técnicas de cocción aplicables y no según su naturaleza. «...No hay más analogía entre la preparación de un civet de liebre y una liebre asada que entre la fabricación de un escritorio y de un zueco...». En este punto se opone a todos los autores culinarios de entonces, incluído el gran Carême.

La originalidad de Reculet se demuestra también en el análisis minucioso de las sustancias alimentarias, lo que él llama «la química-culinaria», de las carnes, de los pescados...

Pero el rigor de las clasificaciones y el vocabulario utilizado perturban al lector. Clasifica, por ejemplo, los líquidos de cocción en agentes culinarios ponderables: agua, vino, leche y en agentes culinarios imponderables (mantequilla, manteca de cerdo, aceite). Luego, precisa que los agentes ponderables son disolventes permanentes, mientras que los cuerpos grasos son disolventes accidentales.

Esos trabajos muy cultos hacen de Reculet un redactor austero; un magisterio siempre de actualidad a pesar de una terminología un poco anticuada. Grandes cocineros, como Jules Gouffé, Urbain Dubois y Auguste Escoffier se inspiraron en su obra.

presa» necesaria a una buena fritura. «Todo el mérito de una buena fritura proviene de la sorpresa; se denomina así la invasión del líquido hirviente que carboniza o dora, en el mismo instante de la inmersión, la superficie exterior del cuerpo zambullido. Gracias a la sorpresa, se forma una especie de bóveda que protege al objeto, impide que la grasa penetre y concentra los jugos que de esta manera experimentan una cocción interior mediante la cual el alimento se enriquece en sabor.» (1)

Braseado y salteado operan la síntesis entre el frito y el hervido, exaltando las ventajas y se convierten por ello en modos de cocción completos.

No se puede decir que el braseado sea un descubrimiento de las cocinas de los siglos XVIII y XIX. La técnica existe ya en las sopas medievales y sobre todo en los estofados (2) y los guisos del Renacimiento. Más tarde, serán ampliamente utilizados por Massialot, Menon, etc... Pero, con la gran cocina clásica, preparada gracias a los trabajos de Menon, aparece una nueva teorización y se ponen en marcha nuevos refinamientos técnicos.

En la oposición clásica entre naturaleza y cultura del sistema de cocciones (el asado atañe a la naturaleza, el hervido a la cultura y el ahumado a la naturaleza en cuanto al medio y a la cultura en cuanto al resultado); braseado y guisado introducen un tercer elemento: el de la ciencia en progreso.

«El braseado es, entre las diferentes preparaciones culinarias, la más costosa y la más difícil de lograr. Sólo una práctica larga y atenta permitirá al cocinero familiarizarse con las dificultades de este tipo de cocción.» (3)

(1) Brillat-Savarin *La Physiologie du Goût. Théorie de la friture.*
(2) Cf. La Varenne: *Le Cuisinier François: Buey en estofado, Cordero en ragú.*
(3) A. Escoffier: *Le Guide Culinaire.*

¡He aquí la verdadera ciencia de la cocina! Con el braseado, la cocina entra en el mundo del saber acumulativo en progreso.

Sin embargo, habrá que esperar hasta la aparición de *Le Guide Culinaire* de Escoffier, en l902, para que se admita claramente la diferencia entre salteado y braseado y para que se defina claramente el primero. Hasta entonces, había confusión total entre los dos términos, como por ejemplo en las recetas de Menon de *gigot salteado* y de *carne braseada*, donde solamente la cantidad de líquido podría establecer la diferencia. (1)

J. Favre que, sin embargo, no es avaro en detalles se queda mudo en cuanto a este tema: para él la sartén no es otra cosa que un plato de chapa o de hierro provisto de un mango. (2) Pero no dice ni una palabra sobre las técnicas de salteado.

Escoffier comenzará entonces por distinguir el braseado y el hervido, haciendo dorar las carnes que va a brasear, antes de mojarlas. "Calentar a fuego vivo, grasa de caldo clarificada en una cacerola de fondo espeso, o en una marmita de dimensiones proporcionadas. Saltear igualmente la carne en esta grasa: esta operación tiene como objetivo formar alrededor de la pieza una especie de coraza que impida que los jugos interiores de la carne se escapen demasiado pronto, lo que transformaría el braseado en un hervido.»

Luego, hace una clara distinción entre braseado y salteado: «Los salteados son -nos dice- hablando con propiedad, unos asados especiales, puesto que el punto de cocción es el mismo para unos y otros y porque cuecen enteramente, o casi, en mantequilla.»

Escoffier suprime aquí el añadido de caldos en el salteado que estaba siempre presente en A. Carême, J. Gouffée e incluso sus contempóraneos como Pelleprat.

Es así que este último escribe, por ejemplo: «Cuando está dorado por todas partes,... mojar el filete con un poco de Madera o de vino blanco y un cuarto litro de salsa *demiglace*; sazonar, cubrir y cocer al horno, a razón de un pequeño cuarto de hora por libra de carne. El filete quedará poco hecho, habrá tomado el gusto de la salsa al mismo tiempo que ésta se mejorará por la cocción con la carne, que al no tener la superficie costrosa de los asados, se corta más facilmente. Y luego, en fin, es lógico que haya una diferencia entre el filete de carne que se sirve como asado y el que se pone en forma de *relevé*.» (3)

Pelleprat funciona aún con la lógica del viejo servicio a la francesa, en donde se distingue un primer servicio con los hervidos, la sopa y los platos mojados que les siguen (guisado, braseado y salteado) de un segundo servicio para los asados.

Escoffier, por su parte, se sitúa en una perspectiva de desarrollo, de cientificismo de la cocina, y busca la lógica interna del sistema de cocciones. En su prólogo de l907, ya muestra sus ambiciones: «La cocina, sin dejar de ser un arte, se volverá científica y deberá cambiar sus fórmulas empíricas por un método y una precisión que no dejarán nada al azar.» (4)

---

(1) Menon: *La Cuisine Bourgeoise*.
(2) J. Favre : *Le Dictionnaire Universel de Cuisine*.
(3) H. P. Pelleprat en *L'Art Culinaire Français*, por nuestros grandes maestros. Flammarion.
N. de la T.: en el servicio clásico se trata del plato que daba relevancia al plato anterior.
(4) A. Escoffier: *Le Guide Culinaire*.

Si se moja un salteado, razonando desde un punto de vista culinario, se convierte en un braseado, ya que ningún otro elemento los distingue.

	Salteado	Braseado
Guarnición aromática+ materias grasas	si	si
Cocción cubierta	si	si
Dorado previo	si	si
Mojado con caldo	no	si

Para Escoffier que teoriza, el problema es claro. También lo sería para nosotros si cincuenta páginas más adelante no leyéramos escrito de su mano (1), con respecto a un ave salteada, exactamente lo contrario de lo que acaba de enunciar. «Cuando la pieza está casi cocida, se la moja ligeramente, ya sea con fondo de ave corpulento o con cocción de trufas o de champiñones, o bien con Madera, vino blanco o tinto, etc. Ese caldo servirá para humedecer la pieza y se puede añadir un poco más, si se reduce demasiado rápido.»

De hecho, aquí se oponen dos lógicas: la del sistema formal para el cual el salteado no se puede mojar porque se confundiría con un braseado y una lógica gustativa gastronómica, heredera de la antigua organización del servicio, que no ve en algunas gotas de Madera un crimen de lesa formalidad y encuentra incluso el filete de buey más tierno...«Mojado, el filete que se sirve en el *relevé* (primer servicio) se integra mejor en la estructura del servicio a la francesa...»

Para Escoffier, el salteado es un asado especial, se trata de la simplificación de un procedimiento de la antigua cocina que consistiría en envolver el objeto a cocinar, previamente tostado, con una espesa capa de *matignon*. La pieza se envolvía con tocino, luego se cerraba en papel engrasado con mantequilla y se ponía al horno o en la brocheta, untado con mantequilla fundida. Se encuentra, efectivamente, en Dubois y Bernard una receta de *filete de buey asado a la matignon*.

Matignon
Fondo compuesto de zanahorias, cebollas, apio, jamón crudo, tomillo y laurel; estofado en mantequilla, desglasado con Madera y· mencionado aquí como guarnición aromática.

---

(1) A menos que sea de Ph. Gilbert o Fétu, los dos colaboradores anónimos de la guía culinaria, que no hubiesen seguido el mismo razonamiento teórico de su maestro A. Escoffier.

Sin embargo, la utilización del término «asado» en este caso nos parece relativamente inapropiada, ya que el papel y la matignon juegan un papel de recipiente mediador.

Las mousses del siglo XIX o la búsqueda de valores seguros

En el siglo XIX, el arte culinario está en su apogeo. Carême, Dubois, Gouffé proponen los principios y los afinan, teorizan sobre la cocina francesa e internacional.

En esta época, las mousses, en tanto que plato, han prácticamente desaparecido. Dubois, en los ciento treinta y dos ejemplos de menus de la cocina clásica no cita ninguna mousse de carne, pescado ni verduras, y tan sólo habla de tres mousses de postre.

Las recetas, sin embargo, siguen siendo conocidas. Se modifican ligeramente y se llaman ahora «rellenos». Gouffé explica las razones de ese relativo desinterés por las mousses. «Si se admite el relleno como uno de los fundamentos de la cocina, creo que debo escandalizarme por los abusos que pueden hacerse. No estoy de acuerdo en prodigarlos, porque el gran arte del cocinero consiste en hacerlos aparecer con discreción y en condiciones convenientes.»

Estas «apariciones discretas» y estas «circunstancias convenientes» marcan de hecho un profundo cambio de estatuto de las mousses; a partir de aquí constituyen un elemento de un plato más complejo, sirven para rellenar un pescado o una carne o bien una verdura. Ya no son un plato en sí mismas, una entidad culinaria, y sólo existen por lo que completan o enriquecen.

Y, si algunos platos tienen como base esencial los rellenos, éstos están servidos en forma de pan o más a menudo como acompañamiento: *côtelette de salmón*, *de bogavante*, de *faisán Pojarski*... En ese caso, la forma y la denominación dan metafóricamente sentido a esta materia prima indiferenciada. El burgués, que posee ahora el poder y financia la cocina, necesita valores seguros como el pan o la carne...

Se busca lo verdadero, lo sólido, la espeso, lo consistente, opuesto a lo ligero, a lo inestable, a lo soso: *el pan de* **soudac** debe tener gusto a pescado, sentirse en la boca, y no fundirse en ella.

Soudac
Pescado ruso que se parece al lucio.

Urbain Dubois, con la seguridad y el orgullo etnocéntrico de los exploradores de su época, juzga de acuerdo con las «verdades gastronómicas», las prácticas culinarias extranjeras, y nos explica a propósito de un soufflé de soudac: «En Rusia, se da el nombre de soufflé a este plato porque, generalmente, se hace muy ligero.»

Pero es precisamente allí donde está el error: si la masa es demasiado ligera, se hincha y se desmorona. Y esto no sería nada, lo que es peor es que esta masa, demasiado ligera, carece de calidad gastronómica. «Por eso no he dado el nombre de soufflé a ese plato que no debe ser otra cosa que *pan de soudac a la rusa*... Tiene que mantenerse sin ser ligero y ni la crema, ni los huevos deben sentirse en la boca, solamente el gusto del pescado.» (1)

Estos rellenos son la antítesis de las mousses ligeras de la nueva cocina contemporánea.

Es entonces cuando aparecen los valores imaginarios sobre los cuales se articula la mousse del siglo XIX:

- la estabilidad: el producto no debe derrumbarse.
- los valores seguros: se desbautiza ese soufflé demasiado ligero, insípido y se le otorgan, gracias a la metáfora, virtudes simbólicas, la consistencia del pan, o de la carne.

La recetas se hacen más pesadas, incorporan cantidades considerables de mantequilla y de grasas que recargan el alimento, redondean los sabores, pero también las formas del comensal, lo cual responde a una estética corporal que proviene de siglos de hambrunas y que ven en la gordura un símbolo de prestigio, de bienestar social. (2)

Nuevos materiales, nuevos productos, nuevas recetas

Nuevos fogones de hierro

Durante el siglo XIX, el material de cocina y más precisamente los fogones, conocerán una considerable evolución. Hasta el comienzo del siglo, están construidos con ladrillos y en cavidades que reciben las brasas y sobre las cuales se coloca ya sea el recipiente de cocción o bien una placa de metal si se desea obtener una difusión menos directa del calor. La combustión se alimenta con carbón de leña, pero el fogón no dispone de chimenea propia y los humos se escapan por la campana que lo rodea.

La aparición de la cocina de hierro con fogón interior, chimenea y horno integrado que funciona indife-

Cocina de hierro fundido.

---

(1) U. Dubois: *La Cuisine de tous les pays* 1868.
(2) Sobre las relaciones entre estética corporal y modelo culinario se podría consultar a modo de aperitivo, el simpático artículo de M.C. Phan y J.L. Flandrin: *La Métamorphose de la Beauté fémenine* en *L'Histoire*. Le Seuil.

Tres cocinas de gas de W. Elsner. Presentadas en la exposición industrial de Munich en 1854. Grabado sobre madera.

rentemente con carbón de leña o carbón de piedra, será celebrada como un progreso considerable. Aún si, como dice Jules Gouffé, el fogón de ladrillos «daba más facilidades para el acabado del trabajo (gracias a la suavidad del calor de los ladrillos)... las nuevas cocinas permiten realizar gratinados, soufflés, pastelería... que apenas se podían realizar en los antiguos fogones».

Y J. Gouffé recomienda un modelo que parece reunir las ventajas de los dos aparatos:

«El fogón está hecho con ladrillos, con una placa de hierro fundido, lo cual impide el exceso de calor que a menudo se reprocha a las cocinas de hierro». Está realizado de tal manera que puede calentarse con madera o con carbón de piedra.

La placa de hierro fundido está dispuesta sobre el fogón y el horno; lo cual representa un espacio suficiente para la confección de la cocina ordinaria.

A la izquiera del fogón, hay una boca de carbón de leña que permite ejecutar, fuera del fuego, algunas salsas, ligazones o caramelos de ejecución minuciosa.

Con ese tipo de cocina se dispondrá, a la vez, de un asador y un gril. (1)

Hacia 1850 aparecen las primeras cocinas de gas, pero tardarán muchos años en imponerse en las cocinas profesionales.

Y Jules Gouffé, hombre progresista, denuncia ese retraso: «Lamento que esta nueva invención esté tan poco extendida y que no se haya comprendido la gran utilidad que tie-

_____

(1) J. Gouffé: *Le Livre de Cuisine.*

ne para algunas especialidades de la cocina». Sobre todo, añade Gouffé: «cuando se necesita un fuego continuo y regular.»

La aventura del frigorífico

En 1857, gracias a la utilización de dos productos químicos nuevos: el éter metílico y la trimetilamina, el ingeniero Ferdinand Carré da el último toque a un aparato que produce hielo artificialmente. Un año más tarde, llegan al mercado las neveras destinadas al enfriamiento de las bebidas, que utilizan este hielo fabricado.

El frío hace su entrada en las cocinas, tímidamente ya que la demostración de su acción sobre la conservación de los alimentos no es definitiva y eso, a pesar de los trabajos encarnizados de Charles Tellier, que ya ha presentado en la Academia de las Ciencias una pierna de cordero conservada en frío durante más de un mes.

Hay que decir que en 1869, al realizar una experiencia a gran escala sobre un primer navío frigorífico, había sufrido un fracaso notorio, llegando a puerto con productos imposibles de consumir. Tellier no se desalentó y su obstinación triunfaría al fin.

La experiencia decisiva tuvo lugar en 1876, con el «Frigorifique», un nuevo barco especialmente equipado con aparatos capaces de producir frío. Cargado con carnes, aves, frutas y verduras, marchó hacia América y volvió a Francia después de tocar el Nuevo Mundo. A su retorno se organizó un banquete con los productos de la carga que estaban en perfecto estado para consumir.

Esta experiencia concluyente sólo obtendrá éxito por su curiosidad, en esa Francia imbuida de cientificismo... y serán Argentina y Uruguay quienes llevarán a cabo la aplicación industrial, fletando barcos equipados de esta manera para transportar hacia Francia sus propias producciones de carne.

Charles Tellier recibirá de esos dos países una renta que le permitirá terminar sus días comodamente. ¡Nadie es profeta en su tierra!

Y habrá que esperar hasta 1922, para ver aparecer las primeras neveras de producción autónoma de frío, con la marca «Frigidaire». Entre tanto, en las cocinas, se contentaron con cámaras frías refrigeradas con bloques de hielo industrial.

Nacimiento de la industria agro-alimentaria

El siglo XIX vivirá una revolución tecnológica que, desde la invención de las conservas hasta la de la margarina, pasando por la puesta a punto del procedimiento de fabricación industrial del azúcar de remolacha y de las sopas en polvo, permitirá la victoria tan esperada del hombre sobre el hambre (al menos en Europa).

Si casi todos esos descubrimientos fueron suscitados por necesidades militares (la alimentación de los ejércitos y las flotas planteaba desde siempre grandes problemas a los jefes militares que se quejaban de que la intendencia no siguiera el ritmo de sus conquistas) pudieron ver la luz gracias a un acercamiento más racional, si no verdaderamente científico, de la química de los alimentos y del desarrollo de la industrialización de la economía.

NICOLAS APPERT
(1749-1841)

El 17 de noviembre de 1749, en Chalons sur Marne nació Nicolas Appert. Su padre es hotelero. Sus conocimientos de base de la cocina y de la confitería, asociados a un espíritu curioso y tenaz le permitirán descubrir y realizar un procedimiento revolucionario de conservación de los alimentos: la esterilización que llevará luego su nombre: appertisation (en francés).

Nicolas Appert se inicia en la práctica culinaria en las cocinas del hotel familiar. Luego, se perfecciona al servicio de Christian IV (1772) y de la princesa de Forbach (1775).

Se perfecciona sobre todo en confitería, que en esta época comprendía, aparte de las mermeladas, los licores y los almíbares. En 1782, Appert se instala en Paris, en la calle de Lombards, en el barrio del Mercado Central. En su laboratorio, comienza las primeras investigaciones sobre la conservación en botellas, recurriendo a estudios de los que tuvo conocimiento.

El gobierno, preocupado por una mejor alimentación de sus tropas en campaña, promete una prima de 12.000 francos al inventor que pusiera a punto un procedimiento de conservación a largo plazo, que no alterara los alimentos. Appert redobla sus esfuerzos, se muda a un sitio más amplio y se instala en las afueras, primero en Ivry y luego en Massy. Cerca de los sitios de producción progresa con rapidez y, en 1804, inicia la comercialización de sus productos. Es una verdadera revolución en la conservación que hasta entonces seguía siendo medieval: salazón, ahumado, alcohol y vinagre esencialmente.

Nicolas Appert gana el premio, lo cual le permite continuar sus experimentos. El mismo año aparece *L'Art de conserver pendant plusieurs années toutes les substances animales et vegetales* (El arte de conservar durante varios años todas las sustancias animales y vegetales). La obra será traducida al inglés, al alemán y tendrá gran éxito en América.

Suprema consagración: Grimod de la Reynière comenta la invención en su *Almanaque de los Golosos* al mismo tiempo que Brillat-Savarin la presenta en *La Phisiologie du Goût*.

Numerosas distinciones llegarán luego como recompensa al inventor; pero como todo investigador, Appert continua trabajando infatigablemente en sus experimentos, y así pierde todo su dinero. Sobrevivirá gracias a una renta del Estado. Appert muere en Massy el 1 de junio de 1841.

La conserva «appertizada»

Fue Nicolas Appert, confitero, quien descubrió, en 1795, de manera empírica, es decir procediendo por intentos, la manera de conservar durante varios meses los alimentos.

Mucho antes de los trabajos de Pasteur, que ponen en evidencia los microorganismos y su fisiología, Appert tuvo la idea de encerrar en botellas de vidrio herméticamente cerradas, los alimentos (guisantes, judías verdes, leche...) y someterlos a una ebullición prolongada. Acababa de descubrir la esterilización. Chaptal, un importante químico de la época, así mismo ministro de Napoleón I atrae la atención de éste sobre el descubrimiento de Appert y lo hace nombrar proveedor oficial de la Ejército Imperial.

De esta manera, la pequeña fábrica de conservas abierta en Massy en 1803, se desarrolla hasta contar con más de 50 empleados.

En 1809 recibe del emperador una recompensa de 12 000 libras y tres años más tarde, le otorgan el título de «Bienhechor de la humanidad».

Pero Appert no ha despositado la patente y su técnica será recuperada por los ingleses, y más tarde por los americanos, que mejorarán el invento gracias, especialmente, a la lata de metal blanco.

En 1815, el sobrino de Nicolas Appert, Raymond Chevallier-Appert, mejorando el digestor de Papin (olla a presión que había causado muchos accidentes al explotar), pone a punto el autoclave y deposita la patente. A partir de entonces, y gracias a estos instrumentos capaces de operar una esterilización a alta temperatura, la industria de la conserva puede desarrollarse.

El azúcar de remolacha

En 1806, la flota inglesa impide que los navíos franceses que transportan azúcar de caña sin refinar salgan de los puertos de las Antillas o atraquen en Rouen. Francia, con sus mútiples refinerías que trasforman la melaza en azúcar candi, llamado también azúcar real, es entonces y de lejos, el primer proveedor de azúcar de Europa. Como represalia, Napoleón decide bloquear las mercancías que provienen de Inglaterra: comienza el bloqueo continental.

Sin embargo, la falta de azúcar es muy impopular y es nuevamente el ministro Chaptal quien llamará su atención hacia una pequeña fábrica que el célebre industrial, Benjamin Delessert acaba de abrir en Passy, y en la cual extrae el azúcar de remolacha. El 2 de enero de 1812, acompañado por su ministro, Napoléon visita a Delessert y, entusiasmado por sus instalaciones, lo condecora con su propia Cruz de la Legión de Honor, lo nombra Barón del Imperio y ordena que todo se ponga en marcha para desarrollar esta nueva industria. En dos años, se abren 213 fábricas que producen más de cuatro millones de kilos de azúcar.

La margarina

Es también por razones de intendencia militar y marítima que se pone en marcha un nuevo producto alimenticio que tendrá gran futuro: la margarina.

CHARLES MONSELET
(1825-1888)

En un gabinete de lectura, que llevaba su padre, en la plaza Graslin en Nantes, nació Pierre Charles Moncelet, el 30 de abril de 1825. Patizambo, que largas intervenciones corregirían, Monselet tendrá siempre, sin embargo, dificultades para andar. Toda una juventud en los fondos de la librería de su padre, favorecerán una eclosión del talento de escritor Monselet que se orientará hacia el periodismo, la poesía y la literatura golosa. Morirá el 19 de mayo de 1888 tras de una larga enfermedad.

En 1834, los padres de Monselet dejan Nantes, para poner en marcha un depósito de mantequilla de Burdeos. Allí comienza su educación en el instituto Benoît, donde escribe sus primeros poemas. Desde los 16 años, sus versos se publican en el *Courrier de la Gironde*.

Pero la literatura no constituye, a los ojos del padre de Monselet, una garantía material suficiente, y en cuanto acaba la escuela le coloca en casa de un negociante de vinos para llevar las cuentas. Como el poeta no consigue redactar las facturas terminan por echarle a la calle.

Entonces decide viajar a París, donde entra en relación con Gérard de Nerval y Théophile Gauthier. Colabora en distintas revistas. Al principio, se especializa en las crónicas teatrales. Monse-let saca el 21 de febrero de 1858 el primer número de *Le Gourmet*, un periódico gastronómico. El acontecimiento se celebra en un hotel parisiense, los artículos son buenos y notables, pero los suscriptores son raros y la publicación se acaba en el número 24. Entre sus artículos se puede recordar aquel que comenta: «La cocina tiene que renovarse y transformarse como todas las cosas es una ley inevitable...»

Demasiado enamorado de la gastronomía para quedarse callado, Monselet publica al año siguiente *La Cuisine Poétique*, que será seguida por una obra llamada *Gastronomie*, conjunto de relatos de la mesa.

Crítico, poeta y goloso, Monselet es el heredero de la obra de Grimod de la Reynière. Si la comida es un momento de bien comer es también un instante de inspiración".

En 1869, Napoleón III instaura un concurso para «dotar a las tripulaciones de la flota con un producto graso comestible que se conserve más tiempo que la mantequilla». Según él, este producto que debe ser barato se utilizaría también para facilitar la vida de las clases sociales poco favorecidas.

Hippolyte Mège-Mouriès inventa ese substituto de la mantequilla y lo bautiza Margarina (del griego margaritas), que significa «como la perla».

Sin embargo, a pesar de ese nombre algo preciosista, no se utilizará enseguida el producto ni en la gran restauración ni en la pastelería. Habrá que esperar hasta que se ponga en práctica la técnica de hidrogenación de cuerpos grasos líquidos (1910) que permite un perfecto dominio de los puntos de fusión, para que los profesionales perciban la superioridad técnica de este producto en la fabricación de pasteles, como los hojaldres, por ejemplo.

La crítica gastronómica adquiere importancia

A finales del siglo XIX y comienzos del XX se asiste a una alianza entre el arte y la ciencia, entre la tecnología y el saber-hacer. Marcan claramente el triunfo de las prácticas del restaurante, y no porque los chefs de las casas burguesas hayan desaparecido, (se cuentan en Paris, hasta quinientos entre las dos guerras) sino porque la literatura y el periodismo gastronómico que adquieren gran importancia, dirigen la atención de la actualidad hacia los restaurantes, alentando y haciendo pública la reflexión y las creaciones.

En 1858, siguiendo la senda abierta por Grimod de la Reynière y Brillat Savarin, C. Monselet y A. Scholl fundan una revista gastronómica: *Le Gourmet* que si bien no sobrevive largo tiempo, inaugura un nuevo estilo periodístico cuya prosperidad sigue vigente. (1)

El estilo literario goloso y la crítica gastronómica alcanzan su apogeo y cuentan con múltiples predicadores: el barón Brize, L. de Fos, Fulbert-Dumontiel, M. Rouf, Curnonsky, A. de Croze, H. Clos Jouve... (2)

Los restaurantes están iluminados por candilejas y sus chefs y maître d'hôtel son quienes regulan, escriben las prácticas gastronómicas actuales, y piensan el futuro.

Los L. Bignon (3), los J.B. Reboul y A. Caillat (de la escuela provenzal), los A. Dugléré, los E. Nignon, los N. Marguery (4), los Favre, los P. Gilbert, los E. Fetu, los Escoffier, los P. Montaigner, dirigen cocinas de restaurantes (incluso restaurantes) contrariamente a la generación anterior cuando, con la excepción de A. Beauvilliers, los «pensadores de la cocina» trabajaban en las casas burguesas.

---

(1) T. Zeldin dice que hacia 1890, P. Gilbert «habría escrito para treinta y dos revistas diferentes», algunas de las cuales alcanzaban tiradas importantes. *Histoire de passions française*. T3.

(2) Baron Brize: *Les 336 Menus*, 1869. *La Cuisine de Carême*, 1872. *Gastronomia*, Paris, 1870.

-Fulbert Dumonteil: *La France Gourmande*. Paris, 1706.

-M. Rouf colabora en *La France Gastronomique* y en *France à Table*, publica una novela: *La Vie et la Passion de dodin Bouffan Gourmet*, Stock 1970.

-A. de Croze: *La Physiologie de la Table*, en Sans Pareil, 1928; *Les Plats Régionaux de la France*, Edition Montaigne 1928.

-H. Clos Jouve colabora en *La France à Table*.

(3) Louis Bignon: director del célebre *Café Riche*.

(4) N. Marguery: debuta en *Au rocher Cancale* y trabaja luego a las órdenes de Dugléré, en *Aux Frères Provençaux*, antes de montar su propio negocio.

Los hoteles de lujo
La nostalgía de la "vida palaciega"

Un nuevo estilo de vida

Nacimiento del turismo

Hacia finales del siglo XIX nace el turismo: la gente toma las aguas termales, descubre la Costa Azul. La alta sociedad va de hotel de lujo en hotel de lujo.

Con el desarrollo de estos establecimientos lujosos en toda Europa, se impone el *savoir-faire* francés, en materia de organización. Los chefs disponen ahora, en efecto, de una gran experiencia en restauración comercial.

Poco a poco arraiga una verdadera industria hotelera. Y de su mano, los modales y el gusto francés, en materia de comida, se convierten en paradigma internacional. Auguste Escoffier, maestro carismático, codifica la cocina y aporta los últimos toques al edificio le-

La avenida de Montecarlo a la altura del hotel Beau-Rivage.

EDOUARD NIGNON
(1865-1935)

El nombre de Nignon es relativamente poco conocido. Sin embargo, merece figurar al lado de Escoffier, Dugléré, Philéas Gilbert...

Nacido en Bretaña en 1865, a los diez años entra como aprendiz en el *Restaurant Monier* en Nantes. Se le encuentra algunos años más tarde en Potel et Chabot, el gran *traiteur* parisiense. Nignon trabaja luego en todas las grandes casas de París. Sucesivamente se le encuentra en *Maison Dorée*, llamada así a causa de sus balcones dorados; en el *Café Anglais*, célebre gracias a Dugléré; *Chez Magny*; en el *Restaurant Paillard*, creador de las famosas escalopas.

Como todos los grandes de la época, Nignon es llamado para trabajar en el extranjero. Dirige primero las cocinas del Emperador de Austria y luego, atraído por un contrato fabuloso, va a Moscú a dirigir la brigada del *L'Ermitage*, compuesta por veinte cocineros.

Nostálgico, Nignon vuelve a Paris en 1904, y entra en el *Restaurant Larue*, abierto en 1886 por el cocinero del mismo nombre, que pasa por grandes dificultades. Nignon da rienda suelta a su talento y el establecimiento se convierte en el más apreciado de la plaza de la Madeleine. El duque de Uzès, propietario del restaurante, lo cede a Nignon en 1908.

La evolución de la cocina tras la primera Guerra Mundial afecta a Edouard Nignon y como no puede soportar las restricciones y las nuevas exigencias de la clientela, confía en 1921 el restaurante a su sobrino.

Enamorado de la literatura, Edouard Nignon redacta *L'Heptameron des gourmets ou les Délices de la Table*, subtitulado *Les Sept jours de Cocagne* que sigue siendo el más her-moso libro de cocina moderna. Desgraciada-mente, la edición fue muy limitada. Publica también *Les Éloges de la Cuisine Française* para el que Sacha Gitry escribe el prólogo. En esas obras se encuentran todas las recetas que se han hecho famosas: grenadines, (fricandós) pascalines (1) y capucines (tarteletas).

---

(1) N. de la T.: Receta de Alexandre Dumas, se trata de un relleno de cordero.

vantado por sus antecesores: Carême, Gouffé, Dubois y Bernard.

Ya hemos visto que el espíritu gastronómico del siglo XIX está caracterizado por la necesidad de restaurar un estilo de vida desaparecido, al mismo tiempo que dignifica o refuerza la legitimidad de sus protagonistas, al margen de las ideas políticas de los regímenes que se suceden: República, Restauración, Imperio.

Desde París, donde ha nacido, ese nuevo estilo de vida irradia en toda Francia, Europa, América e incluso los imperios coloniales según un triple itinerario acuático: estaciones termales, balnearios y trasatlánticos de línea y cruceros.

En 1850 renace entre la aristocracia europea la moda de las curas termales como:
– respuesta médica a los excesos en la mesa y a las enfermedades coloniales (amebas...)
– nueva forma de ser mundano
– exotismo romántico

Sin duda un poco de cada cosa, pero también una secreta nostagia de la vida palaciega del Antiguo Régimen.

De Plombières a Carlsbad, de Vichy a Spa, de Bath a Aix-les-Bains, los europeos mundanos, los políticos (Napoleón III, Guillermo II, la corte de los Zares...) pero también los literatos y los artistas (Dostoïesvski, Dumas, Dickens, Delacroix, Chateaubriand, Rossini, Brahms, Saint Saëns, Gounod, Wagner...) pasan el verano en las estaciones termales.

Paralelamente a esta moda del termalismo, comienzan a ponerse de moda los baños de mar. El mar como remedio prescrito, nos cuenta E. Ferrieux, se convierte en milagro contra los males del siglo: rabia, neurosis, raquitismo, gota, asma o tisis pulmonar. Nada que ver con nuestros juegos de playa soleada, ya que para ser eficaz, el agua debe estar fría. El doctor Russel, en 1853 recomendará incluso baños de mar en invierno porque «cuanto más fría está el agua, más activa las glándulas».

Los balnearios preferidos son los del norte de Francia, porque el agua está más fría y la temporada de la costa mediterránea se desarrolla entre octubre y mayo. Hay que esperar hasta 1931 para que los miembros de la Unión Regional de Hoteleros de la Costa Azul decidan abrir sus establecimientos durante el verano.

Desde el final del siglo XIX, los principales balnearios tienen su hotel de lujo y su casino: Cabourg, Le Touquet, Deauville, Arcachon, Biarritz, Cannes, Niza, Montecarlo; que atraen una importante clientela aristócrata extranjera: inglesa (Niza les debe su Promenade), rusa y alemana, para comenzar, seguida luego por los americanos.

Los trasatlánticos traen a Francia la clientela del Nuevo Mundo, pero también esa multitud de colonos que llegan para curarse el hígado o las amebas en las estaciones termales.

Nacimiento de la industria hotelera

En todos los balnearios se abren hoteles de gran lujo, casinos, teatros. El ferrocarril apresura el movimiento. El estilo de vida francés y el estilo de comer se imponen entre la aristocracia europea gracias a su calidad, su encanto sin duda, pero también gracias al profesionalismo de los restauradores, lo que nosotros llamamos hoy «industria hotelera» comenzó a constituirse en Francia tras los años de la Revolución. Francia posee, mediado el siglo XIX, un importante avance tecnológico, de organización y exporta ampliamente su sabiduría.

Cocineros, directores de sala, directores de restaurantes son franceses o de formación francesa. La estación de Baden Baden, por ejemplo, dirigida por Jacques Benazet, originario del sudoeste francés, pasa por ser la capital de verano del universo. En este balneario alemán, los croupiers se expresan en la lengua de Molière y el periódico de verano *Le Mercure de Bade* que pretende ser «el monitor ilustrado de la temporada de balnearios» (1) se edita en francés. En 1862, Hector Berlioz inagura el teatro dirigiendo él mismo *Béatrice et Benedict*.

Más tarde, otros franceses «reinarán» en los hoteles de lujo ingleses: Escoffier y C. Ritz en el Savoy; Ed. Nignon en el Claridge y en las cocinas de los grandes transatlánticos.

A partir de esos grandes hoteles, se difunden entre toda la aristocracia occidental los modales de la mesa francesa que se inician en los restaurantes post revolucionarios.

Las reglas del servicio se establecen gracias a una doble codificación social y profesional. En Niza, se abre la primera escuela de hostelería; aparecen obras que transmiten a los futuros profesionales de la hostelería los grandes principios. El tratado «de industria hotelera» (2) de Louis Léopso (profesor de la escuela de hostelería de Niza) será traducido al inglés, italiano, griego, danés, noruego y japonés.

---

(1) A. Wallon: *La Vie quotidienne dans les villes d'eaux*. Hachette.
(2) Louis Léopso: *Traité d'industrie hôtelière*, 1918. 1ª edición Andray, reeditado desde la cuarta edición por Flammarion.

Gran hotel de Cap Martin

Las técnicas de servicio que se exponen son exclusivamente la adaptación al restaurante del gran servicio a la rusa, con tres sub-categorías:

• A LA FRANCESA: el camarero presenta la fuente al comensal que se sirve por sí solo. Lejos han quedado los tiempos del servicio a la francesa del Antiguo Régimen.
• A LA INGLESA: el camarero pasa las fuentes y sirve a los comensales con una pinza formada por una cuchara y un tenedor.
•A LA RUSA: gracias a un trinchero.

Estas tres técnicas sólo se diferencian por pequeños matices de manipulación. La estructura de la comida, el orden de aparición, su dimensión temporal respeta perfectamente los principios del servicio a la rusa.

Los grandes hoteles de finales del siglo XIX y de los comienzos del siglo XX aparecen pues como instrumento de la internacionalización y de la supremacía de los modales de mesa francesa post revolucionarios.

El maître d'hôtel (siglo XX)

Auguste Escoffier
el gran codificador

El arte culinario, al comienzo del siglo XX, está marcado por el pensamiento de Escoffier quien, a través de un gran movimiento, a la vez de simplificación, de aligeramiento y de desarrollo de las recetas, inicia una restructuración de la cocina clásica para adaptarla, como él mismo dice, a «los imperativos de la vida activa de la clientela de la época».

Sin embargo, su aporte primordial será la formalización de la ciencia culinaria. Recuperando las ambiciones cientificistas que animaban a Carême, Dubois, Bernard y Gouffé, dotará la cocina con una clasificación sofisticada, que permitirá la multiplicación del número de fórmulas.

Las salsas nacen de las salsas...

Cuando se contabilizan las salsas de los libros de cocina se constata, a partir de A. Carême (aunque el movimiento se inicia con A. Beauvilliers) un importante aumento de su cantidad.

AUGUSTE ESCOFFIER
(1846-1935)

En una época en que el Condado de Niza no era aún francés, nació en Villeneuve-Loubet, pequeña ciudad a las puertas de Niza, Auguste Escoffier, el 28 de octubre de 1846. Su padre era herrero-cerrajero y el joven Augusto deseaba ser escultor. Al tener que renunciar a su proyecto, entra como aprendiz en casa de su tío François, que llevaba el *Restaurant François* de Niza. Es el comienzo de una carrera excepcional, coronada por la medalla de Oficial de la Legión de Honor. Murió el 12 de febrero de 1935, en Montecarlo.

Trabajó primero en el club Masséna de Niza, luego marchó a París donde trabajó como pinche en el *Petit Moulin Rouge* establecimiento a la moda. En 1867, durante la Exposición Universal, Escoffier es Chef Garde-Manger.

En 1870, lo mobilizan y esto lo marcará profundamente. De vuelta en París, trabaja de nuevo en *Petit Moulin Rouge* y luego en casa de Chevet, un *traiteur* de fama mundial. Tras un corto paso por el *Restaurant Maire*, dirigido por Paillard, entra en el *Grand Hotel* de Montecarlo donde conoce a César Ritz, lo cual será el inicio de una carrera internacional excepcional.

Su colaboración comienza en Londres, en 1890, con la reorganización del Savoy que vive serias dificultades. Como todo sale de maravillas, se vuelven a encontrar para la apertura del *Gran Hotel* de Roma. Luego, en 1898 le tocará el turno al *Ritz* de París, seguido del *Carlton* de Londres. Allí se quedará hasta la jubilación.

El mundo entero recurre al talento de organizador de Auguste Escoffier. Además de la apertura de los hoteles que acabamos de citar, la Companía Hambourg *Amerika* Line le confía el equipamiento de sus cocinas y el reclutamiento del personal para el buque Amerika y luego para el *Imperator*. Otra faceta de las capacidades de Escoffier: en 1912, concibe una *Cena de Epicuro* en el *Cecil Hotel* de Londres, cuyo menú, enteramente escrito en francés, se sirve simultáneamente en 37 ciudades de Europa.

Escoffier sabrá adaptarse a las necesidades de la vida moderna. Simplifica los arreglos, suprime los zócalos y columnas, evita el corte en la sala. Abandona incluso la pretenciosa carta a cambio de un menú a precio fijo, fórmula que ha puesto en práctica en Montecarlo y que ha aplicado en el Savoy.

Sus creaciones culinarias son numerosas: citemos simplemente el *capón Sainte Alliace*, las *Nymphes à l'Aurore* (ancas de rana)...y la *Pêche Melba* tantas veces traicionada.

Consciente de los problemas sociales de su época lucha toda su vida para ayudar a los cocineros en dificultad y a sus familias. En 1910 publica un opúsculo *Proyecto de Asistencia Mutual para la Extinción de la Pobreza*. En todas las grandes cocinas del mundo, la obra de referencia sigue siendo la *Guía Culinaria* que Escoffier publicó en 1901, a partir de una idea de Urbain Dubois y Emile Bernard. Otros dos grandes profesionales, Philéas Gilbert y Emile Fétu, son sus grandes ayudantes. Es también el creador de una revista llamada *Les Carnets d'Epicure*. También aparecen otros libros suyos: *Les Fleurs de Cire*, *Le livre des Menus*, *Le Riz*, *La Cuisine* y *L'Aide Memoire culinaire*.

Reconocido como el maestro indiscuto de la cocina moderna, Auguste Escoffier es más que un cocinero, es un hombre de mundo, un creador de conceptos, un innovador, un escritor y un gran humanista.

PHILÉAS GILBERT
(1857-1934)

Philéas Gilbert nació el 11 de septiembre de 1857 en La Chapelle-sur-Creuse (Yonne). Gran práctico, fue igualmente un autor culinario de renombre y un corporativista convencido. Murió en Pont-aux-Dames (Seine et Marne) en 1943, cuando trabajaba en una edición del *Almanach Hachette*.

Philéas Gilbert realizó su aprendizaje en pastelería, primero en Sens y luego en 1874 en París, en casa de los maestros pasteleros de entonces: Favart, Rouelle y Quillet. Pero fue en Laon (Aisne) donde encontró al cocinero que habría de marcarlo profundamente: el chef Dermigny, que había dirigido las cocinas de Potel et Chabot.

De vuelta en París, trabaja en *La Taverne de Londres* adonde volverá después del servicio militar.

Tras un pasaje en casa del Conde de Jouvencel, el conde de Beaucaire y la *Taverne Continentale*, Gilbert entra en 1884 como chef de cocina en Bonvalet, uno de los mejores restaurantes parisinos. Lo dejará en 1920 para ayudar a su amigo Prosper Sales en el *Hotel de Paris* de Montecarlo, donde dirige los fogones de este famoso hotel.

Mientras ocupa su puesto de chef en Bonvalet, Philéas Gilbert escribe para la revista *L'Art Culinaire* que lanza junto a Escoffier. Luego, redacta artículos para numerosos periódicos: *Le journal*, *Le Gourmet*, *Culina*, *La Republique*. Cuando abandona Bonvalet, se convierte en el redactor principal de la revista *Le Pot au Feu* hasta 1936. Todas las recetas y artículos que publica son ejemplares por su preocupación por los detalles y por su claridad; reunidas hoy constituirían una obra excepcional.

Su primer libro, *La Cuisine rétrospective* se publicó en 1890 y siguió en 1893 *La Cuisine de tous les mois*. Participa activamente con Emile Fétu en la redacción del *Guide Culinaire* de Escoffier que aparece en 1902. A partir de 1912, redacta los capítulos culinarios del *Almanach Hachette*.

Philéas Gilbert luchó por el mejoramiento de las condiciones de trabajo y en 1880 fundó *Le Progrès des Cuisiniers*, órgano de reivindicaciones y estudios culinarios. Detesta los honores y entrega la mayor parte de sus derechos de autor a la Fundación Lépold Mourier que ayuda entonces a los viejos cocineros.

Sus competencias le hubieran permitido llevar a cabo una carrera prestigiosa en los hoteles de lujo o en las cortes europeas. Sin embargo Gilbert siempre prefirió escribir, aconsejar, ayudar.

Esta multiplicación traduce un profundo cambio en la concepción y la fabricación de las salsas. Hasta entonces se componían de la siguiente manera:

Fondo o *coulis* + Ligazón y coccion de la carne + Guarniciones = **SALSA**

Con Carême (1) aparecen las «grandes salsas» (salsas capitales para U. Dubois y E. Bernard) que sirven como base a la realización de otras salsas.

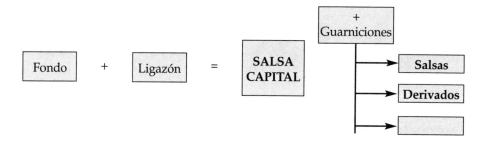

Carême distingue cinco grandes salsas: la española, el velouté, la bechamel, la alemana y la salsa de tomate.

U. Dubois y E. Bernard, las llaman salsas capitales y cuentan sólo cuatro: la española, el velouté, la bechamel y la Villeroi. Basta añadir a cada una de esas grandes salsas uno o varios elementos para engendrar nuevas salsas. La salsa alemana en Carême, por ejemplo, da nacimiento a ocho pequeñas salsas (2) :

• "suprema" (+ mantequilla y caldo de ave)
• "veneciana ligera" (idem pero se reemplaza el caldo de ave por glaseado de pescado)
• "vienesa" (+ perejil + limón + mantequilla)
• "princesa ligera" (igual pero glaseado de pescado en lugar de ave)

---

(1) Sin duda, la práctica aparece antes, tal vez al final del siglo XVIII, porque Carême agradece a todos aquellos a quienes «les debe mucho» y que fueron los «más importantes maestros de los tiempos modernos... Laguipierre, Robert, Chaud, Lasne, Daniel, Dunan, Venard, Richaud...». *L'Art de la Cuisine au XIX siècle*. T. 3. Sin embargo, ellos no escribieron y A. Carême parece haber sido el primero en teorizar sobre esta práctica. Beauvilliers, por ejemplo, se limita a una mera lista de salsas en *L'Art du Cuisinier* .
(2) A. Carême *L'Art de la cuisine du 19ème siècle*. T3.

«La multiplicación es infinita. Las salsas nacen de las salsas gracias a un simple matiz, como el velouté trabajado o el velouté simple... El arte de las salsas se parece al juego de las muñecas rusas, cada una contiene otra...» (1)

Auguste Escoffier acelerará el fenómeno, aumentando la complejidad del sistema.

Escoffier recupera el principio de Massialot (que había tardado en imponerse), da prioridad al respeto por el sabor del producto, propone el abandono del «gran caldo» o de la «braseada» que servía para todas las carnes.

«La cocina moderna ha establecido una regla formal y racional eso es: que se asegure la armonía entre las carnes y las salsas. Así, una pieza de caza se sirve con una salsa preparada con un fondo de caza... y no con un fondo de piezas de carnicería... Lo mismo sucede con el pescado, para el cual las salsas neutras con las que por lo general se prepara necesitan imperiosamente la adición de fumets que den a cualquier preparación su sabor sui generis.» (2)

Esta búsqueda multiplica las grandes salsas. Se dispone ahora de velouté de ternera, velouté de ave, velouté de pescado, etc. Todas estas bases suplementarias sirven para desarrollar las nuevas salsas.

Luego, Escoffier añade otro nivel de articulación: una pequeña salsa puede convertirse en el punto de partida de un nuevo estallido. Así, la «salsa normanda» que tiene como base una gran salsa (el velouté de pescado) a la que se añade esencia de champiñones, jugo de ostras y que se liga con crema y yemas de huevo, montada con mantequilla, da nacimiento a seis nuevas salsas: la diplomate, la escocesa, la regencia, la salsa de anchoas, la salsa de ostras y la veron.

Sabias combinaciones de sabores

Todos estos añadidos, asociaciones de esencias, de elementos tan diferentes como las anchoas y el glaseado de carne... no son, como puede permitir pensar una caricatura de la gran cocina del siglo XIX y de comienzos del siglo XX «una acumulación bárbara de productos heteróclitos». Al contrario, hay sabias combinaciones de sabores para destacar el producto fundamental.

---

(1) J. P. Aron: *Le Mangeur du 19ème siècle.*
(2) A. Escoffier: *Le Guide culinaire.*

JEAN-BAPTISTE REBOUL (1862-1926)

Jean-Baptiste Reboul sigue siendo un cocinero y un autor culinario poco conocido a causa de su fidelidad a su provincia natal. Sus únicos contactos exteriores fueron con Philéas Gilbert que lo empleó como redactor en las revistas *L'Art Culinaire* y en el *Pot-au-Feu*.

Nacido en Roquebrussane, en el Var, Reboul realizó su aprendizaje en Marsella. A la edad de 21 años marchó a Suiza donde será chef de cocina en el *Mont-Fleuri* en el cantón de Vaud. Pero como no puede vivir sin el aire de su tierra, vuelve a la costa, a Montecarlo concretamente, donde establece amistad con Escoffier; luego va al *Carlton* de Cannes, con una pequeña escapada a Paris, donde trabaja en el *Hotel d'Orsay*.

Como desea tener tiempo para escribir termina su carrera en las casas burguesas de Marsella.

En 1895 Reboul publica *La Cuisine Provençale*, obra que tendrá un éxito considerable. Actualmente, se pueden contar hasta veintitres reediciones. A pesar de su título regionalista, el libro trata del conjunto de la cocina francesa. Sin embargo, a petición del gran provenzal, Fréderic Mistral, Reboul introduce una serie de términos provenzales a partir la séptima edición.

J.B. Reboul, que adoraba transmitir su saber, dedicará mucho tiempo a la enseñanza, especialmente a través de sus artículos que firma con el seudónimo de *Martigues*.

Un juego de construcción

La denominación se desplaza del manjar hacia las guarniciones, las salsas, las bases... así, los libros de cocina no son solamente vastas nomenclaturas de recetas sino que ofrecen la posibilidad de crear nuevos manjares respetando las reglas gastronómicas.

Una lista de casi 200 guarniciones de platos aparece entonces, de la misma manera que se desarrolla la lista de salsas, más de 280, y las leyes de asociación de alimentos, de fondos, de salsas, de guarniciones se ponen en práctica, obedeciendo a las reglas del juego.

La guarnición gastronómica por ejemplo, se compone de: «20 hermosas castañas peladas, cocidas en consomé y glaseadas como cebollitas, 10 trufas medianas cocidas al champagne, 20 hermosos riñones de gallo, untados con glaseado rubio de carne y 10 morillas grandes, cortadas por la mitad y salteadas con mantequilla». (1) Se puede utilizar para piezas de carne y aves y se acompaña con salsa demi-glace a la esencia de trufas.

Gracias a estas informaciones: composición de la guarnición, alimentos con los cuales se las puede asociar, salsas de acompañamiento, el cocinero puede servir gran cantidad de platos que, a partir de entonces, se llamarán «a la gastronómica»:

- capón a la gastronómica
- filete de buey a la gastronómica
- pato a la gastronómica
- pieza de buey a la gastronómica
- faisán a la gastronómica
- medallón de ternera a la gastronómica
- pavo a la gastronómica
- silla de ternera a la gastronómica, etc...

De esta forma, las denominaciones permiten multiplicar el sistema culinario.

La lengua culinaria se pone en práctica y las denominaciones participan en su funcionamiento. Las composiciones son fijas y la fantasía del siglo XVIII pierde vigencia.

La creación de nuevos platos no queda bloqueada, pueden aparecer nuevas denominaciones pero el establecimiento de las antiguas es una garantía del orden y del progreso de la cocina. Th. Gringoire y L. Saulnier previenen contra la tentación de no respetar el léxico establecido. «Cada día, en efecto, algún chef bien intencionado bautiza con un nuevo nombre un plato conocido con otro; cada día también un cocinero presenta con un nombre ya registrado una preparación diferente de la que evoca ese nombre; son gravísimos errores contra los cuales todos los chefs que tienen conciencia de su misión deben protestar ya que esos errores conducirían fatalmente el arte culinario a la decadencia, a pesar de toda la ciencia, a pesar de todos los esfuerzos de nuestros maestros.» (2)

Rápidamente, el papel funcional de la denominación triunfa sobre la metáfora (3) y su poder evocador. Es así como «hay que evitar los términos pomposos y pedantes, nada es más ridículo, por ejemplo, que emplear la palabra criptograma en lugar de champiñón.

---

(1) A. Escoffier: *Le Guide culinaire*
(2) Th Gringoire y L. Saulnier: *Le Répertoire de la Cuisine.*
(3) Muy utilizado a comienzos del siglo XIX, por Grimod de la Reynière, por ejemplo.

PROSPER MONTAGNÉ
(1865-1948)

En el país del cassoulet y al pie de la vieja ciudadela de Carcassonne, el 14 de noviembre nació Prosper Montagné. Hijo de un comerciante, realiza buenos estudios y se orienta hacia la arquitectura y la pintura. Pero esos oficios parecen poco serios a papá Montagné que obliga a Prosper a seguir un aprendizaje de cocinero, un poco a regañadientes. La carrera de Prosper Montagné no dejará de ser brillante; se trata de un excelente cocinero, de un autor culinario erudito y de un conferenciante de renombre.

La carrera de Prosper Montagné debuta más mal que bien, ya que su padre compra el *Hôtel des Quatre Saisons* en Toulouse y obliga a su hijo a descubrir la cocina. Es un fracaso y Prosper entra entonces en el *Hotel d' Angleterre* en Cauteret para iniciar un verdadero aprendizaje. Las cosas se arreglan y seguro de su preparación, Montagné viaja a Paris donde trabaja en *Les Ambassadeurs* y luego en el *Grand Hôtel*. Un poco más tarde se une a la prestigiosa brigada del *Hotel de Paris* en Montecarlo. Cuando deja el principado comienza a hacer temporadas, especialmente en Luchon, donde dirige la brigada del *Casino*. En 1900 Prosper vuelve a Paris y se le encuentra en el *Pavillon d'Armenonville*, en el *Doyen* y de nuevo en el *Grand Hotel*. En 1907, decide consagrarse completamente a la literatura culinaria.

Antes de escribir sus propias obras, completa el *Livre de Cuisine* de Jules Gouffé. Seguirán dos obras que escribe con su amigo Prosper Salles: *La Grande Cuisine Illustrée* y el *Grand Livre de la Cuisine*. Pero sus raíces están vivas y redacta entonces el *Festin Occitan*. Sin embargo, su obra más importante es la colaboración con el Doctor Gottschalk para la primera edición del *Larousse Culinario*: un gran clásico y una referencia segura. Paralelamente, Prosper Montagné redacta artículos para las revistas: *La Bonne Cuisine*, *La Vie Parisienne*, *Le Gourmet* y *L'Art culinaire*.

Pero no se dejan los fogones tan fácilmente y en 1920 abre un restaurante cerca del Louvre, en la calle de la Echelle. La cocina es excepcional, con frecuencia Montagné acude a la sala a terminar sus preparaciones delante de los clientes para conversar con ellos. Desgraciadamente, la gestión es catastrófica y tras diez años de ensueño llega el cierre. Ejerce a partir de entonces sus talentos de orador, y asegura las presentaciones de la empresa *Gas de France*. En realidad, oficiará hasta su muerte como consejero culinario en *La Reine Pédauque*.

APOLLON CAILLAT
(1857-1942)

Cocinero, autor culinario, administrador, mutualista, sindicalista, caballero de la Legión de Honor, tal es la presentación lapidaria de un gran Maestro de la cocina.

Nacido en Puget en el Var, Caillat comienza su carrera brillante y excepcional a los doce años, cuando entra como aprendiz en el *Hotel Victoria* de Toulon. A los quince años entra en el *Hotel de Castillon* en Marsella y luego al *Restaurant des Gourmets*. Es una época particularmente difícil: los salarios son bajos y Caillat vende periódicos en la Cannebière para cubrir sus necesidades.

Hace temporadas en Menton, Cannes, Interlaken, Evian y finalmente se queda en Lyon. Algo más tarde, su carrera cambia de rumbo y lo contratan en el *Hotel de l'Europe* de Aix-les-Bains; sus capacidades le permiten acceder rápidamente al puesto de jefe de cocina, antes de ocuparse del servicio personal de la reina Victoria, durante sus estancias en Aix.

Hasta su jubilación, Caillat es Chef de cocina en el *Hotel du Louvre* de Marsella. Es entonces cuando es empleado como inspector de cocinas de la *Société Hôtellière de Ravitaillement*. Recluta y forma al personal para los barcos de largo y medio recorrido.

Como había dejado la escuela apenas instruído, Caillat nunca dejó de leer y estudiar. Gracias a este esfuerzo incansable, y a su perfecto dominio profesional, colabora en varias revistas: especialmente *L'Art Culinaire*. En 1898, publica un pequeño tratado: *150 Manières d'Accomoder les Sardines*. Amigo de Escoffier trabajó también con Gilbert y Fétu en la redacción del *Guide Culinaire*.

Su pasión por los libros le permite constituir una biblioteca de más de cinco mil obras, que actualmente es propiedad de la Sociedad de Cocineros de Paris.

Para terminar, debemos recordar que Caillat hará todo lo posible durante su carrera para mejorar el trabajo de los cocineros. Sobre todo luchará por la obtención del reposo semanal.

En algunos casos, sin embargo, el uso admite algunos audaces eufemismos, como perlas negras para designar las trufas, pero para recurrir a este tipo de licencia hay que hacerlo con moderación y sobre todo no hay que crear nuevos». La lengua culinaria debe protegerse y los lexicógrafos, miembros de la Academia, (1) como Gringoire y Saulnier se convierten en sus guardianes.

Para la organización del menú, en sí mismo, aparecen reglas que se fundan no en la sucesión de sabores sino en la sucesión de denominaciones. «No se debe repetir dos veces el mismo nombre ni es apropiado *una poularde demi-deuil* (2) para una comida de entierro»...

Poco a poco, sobre todo después de la guerra de 1945, las denominaciones dejan de tener sentido. El paisaje imaginario y los elementos sobre los que jugaba han cambiado. Sólo queda un sistema de signos vacíos de poder simbólico que poco a poco esteriliza la gastronomía. Los años 60 fueron sombríos para la ciencia gastronómica. Los cocineros repiten, por no decir tartamudean, las recetas de una Edad de Oro culinaria perdida para siempre. El marxismo que domina a los intelectuales, el crecimiento continuo que obnubila a la burguesía de negocios, y la dietética medicalizada, secretaron un ascetismo alimentario. La nueva categoría social dominante de jóvenes ejecutivos, encuentra el lenguaje goloso anticuado, lleno de una voluptuosidad desfasada.

Sin embargo, todavía se organizan, en Versalles, con De Gaulle, fiestas de gran aparato donde los menús son muy clásicos, pero se trata de los últimos estertores de un estilo de vida caduco.

---

(1) Pertenecen, efectivamente, a la Academia Culinaria, creada por J. Favre.
(2) N. de la T.: Demi-deuil: a medio luto.

La época moderna
De la restauración turística a la nueva cocina

S i en el momento de la Edad de oro de la gastronomía, París era el centro creador de la cocina, la primera mitad del siglo XX está marcada por la unión entre el turismo y la gastronomía.

En el corazón de Francia, en esta Francia profunda de las regiones, se buscan ahora los tesoros gastronómicos descuidados durante largo tiempo.

Al itinerario nutritivo de París de Grimod de la Reynière, sucede ahora la *Guía Michelin*, con el éxito que se le conoce. La gran cocina busca su inspiración en las cocinas populares y burguesas de las regiones francesas, y en los albergues familiares, que rápidamente se convierten en templos de la gastronomía, y así se prepara la renovación de la cocina francesa.

La restauración de turismo

La gastronomía momificada

Después de la primera guerra, una mitología de paraíso culinario perdido inhibe la creación culinaria. Puesto que las cimas del arte se alcanzaron ayer, los chefs de cocina sólo pueden interpretar las obras compuestas por los grandes maestros fundadores de la Edad de Oro, el siglo XIX.

«Ciertamente para relacionar la gastronomía con la vida ultra rápida de nuestros días -escribe Escoffier a comienzos de siglo- me he visto obligado, por las circunstancias, a suprimir los zócalos, a crear nuevos métodos de servicio simplificados,(1) pero ni el servicio ni la cocina se han modificado profundamente. Toda innovación se revela como la perversión de una primera perfección.»

En 1917 la revolución soviética (y la no devolución del préstamo ruso que arruina a muchos rentistas franceses) priva muchos hoteles de lujo de su clientela. En pocos años, declina el termalismo; se salvará por los pelos gracias a la seguridad social.

Las vacaciones remuneradas de 1936 lanzan sobre las playas una multitud de pequeños burgueses y de trabajadores. El mercado de la hostelería y de la restauración se democratizan.

Una buena política comercial habría llevado a que la oferta se adaptara a la demanda. A los hoteleros franceses, habituados a moverse en un mundo de buenos modales, no les

---

(1) Escoffier. *Le Guide Culinaire*, prólogo de 1907.

MAURICE EDMOND SAILLANT llamado CURNONSKY (1872-1956)

En la provincia de Anjou, en Angers, nació el 12 de octubre de 1872, Maurice Edmond Saillant. Algo olvidado actualmente, Curnonsky «el príncipe elegido de los gastrónomos» fue un cronista y un conocido autor culinario que trabajó por el renombre de la cocina francesa.

De una familia rica, Maurice Saillant realiza buenos estudios en el Lycée Saint-Maurice. Para gran desespero de sus padres, elige la carrera de escritor. Pero para ahorrarles sufrimientos, decide firmar con seudónimo. Primero, influenciado por el humorista Alphonse Allais, piensa en *Cur Non* (¿por qué no?). Como estamos en 1894 y las relaciones con la Rusia de los zares está en su apogeo, para estar a la moda, añade la partícula *Sky*, de connotación eslava. Al comienzo de su carrera, colabora en numerosos periódicos y se hace amigo de Emile Zola. Tras la Exposición de 1900, viaja a Extremo Oriente con una delegación de prensa. Ese viaje le permite descubrir los encantos, la diversidad y la sutileza de la cocina china. De vuelta en París, trabaja para dos grandes periódicos de la época, cuya tirada supera el millón de ejemplares cada uno: *Le journal* y *Le Matin*. Esta colaboración durará hasta 1925.

Entre tanto, Curnonsky publica numerosos libros con gran éxito; podemos destacar *La France Gastronomique*, en 28 volúmenes. Clasifica la cocina francesa en cuatro grandes dominios: la alta cocina, la cocina burguesa, la cocina regional y la cocina campesina. Curnonsky es el paladín de la cocina del terruño.

En 1926, *Le Journal* y *Le Matin* organizan un referendum para designar al mejor gastrónomo. Tras diferentes eliminatorias, quedan dos nombres para elegir al «Príncipe elegido de los gastrónomos»: Maurice des Ombiaux, de origen belga y Curnonsky. Es él quien se lleva la palma y contrariamente a los rumores, queda en excelentes términos con su rival de un día.

Así reconocido, sus escritos, sus críticas, tienen gran impacto entre sus lectores, lo cual le valdrá algunos enemigos. Con el tiempo, Curnonsky quedará como un gran defensor y propagador del Arte Culinario Francés.

incumben las realidades económicas. La gastronomía que se plantea en tanto que arte concierne a la estética y no a la racionalidad económica. Obnubilada por la «tradición», la gran hostelería vivirá esta democratización como una alteración, lo cual permitirá el despegue de las pequeñas empresas familiares.

«En París y en nuestros hoteles de lujo de las estaciones balnearias -escribe Austin de Croze en 1928- desde mucho antes de la guerra, el cosmopolitismo, la industrialización y la indiferencia ya se habían adueñado de la mesa. Aparte de una elite mundana de irreductibles burgueses, fieles a la hermosa y sana cocina francesa, el comensal o el cliente ya no sabe comer... La cocina había perdido su alma; se había convertido en cocina en serie, una cocina química, una cocina cosmopolita. Era el «triunfo de las tres salsas de la que se sacan siete refritos, como de los tres colores fundamentales se obtienen tan bien que mal los siete colores del prisma». (1)

Al ver tal desfase, Austin de Croze tiene la genial intuición de promover un «regionalismo de la mesa». (2) En 1923 y 1924 organiza en el marco de ocho jornadas de gastronomía regional. Chefs de toda Francia presentan la cocina de sus comarcas. En 1939, Curnonsky vol-

(1) A. de Croze: *La Régionalisme de la table*, en *Physiologie de la Table*, 1928.
(2) Más tarde fue sustituido por Curnonsky y Marcel Rouf.

verá a repetir la experiencia y a partir de allí todos los años desde 1949 hasta 1959.

Así mismo era necesario que la gastronomía volviera a sus raíces profundas en la regiones francesas, había que reconciliar a los franceses con su tradición culinaria popular. Ya que «si se come y se cena en París, sólo se come verdaderamente en las provincias. La variedad de nuestros manjares y nuestros vinos, donde se traducen los temperamentos étnicos, la probidad del alimento sano y local, las recetas sabrosas transmitidas religiosamente, para cada una de las regiones francesas, son un tesoro del que ni siquiera suponíamos su increíble riqueza, que dejábamos que se perdieran como tantas otras cosas». (1)

Sin embargo, al leer los menús o las recetas de los platos servidos en **Le Salon d'automne** o incluso las publicadas por Austin de Croze (2) o más tarde por Curnonsky (3), se constata que esta cocina llamada regional, está ampliamente tamizada por el saber culinario clásico. Nada de cocina campesina o popular, sino una reescritura sabia de nuestros platos regionales.

Le Salon d'automne (El Salón de Otoño, gran exposición), cada año editaba un fascículo de una veintena de páginas presentando los menús así como algunas recetas.

Si la Edad de oro había hecho de París el centro creador de la cocina, el único lugar del mundo donde se podía comer verdaderamente bien; el comienzo del siglo XX está marcado por un retorno a las cocinas regionales gracias a la «Santa Alianza del turismo y de la gastronomía» como dirá Simon Arbellot de la Academia de los Gastrónomos.

Nacimiento de la guía Michelin

En en el corazón de Francia, en esta Francia profunda de las regiones, es donde se descubren ahora los tesoros gastronómicos. «El gastronómada es un goloso al que le gusta todo, Saulieu no es solamente una poularda Belle Aurore; Nantes un lucio con mantequilla; Lyon un plato de quenelles; Burdeos un civet de lamprea; Nimes una brandada o Perigueux un confit de oca. Si bien corona cada etapa con una de esas suculentas especialidades, también le dedica tiempo a la suavidad del paisaje, a la visita de un museo, de una catedral o de un barrio antiguo.» (4)

Sin embargo, para ello, conviene viajar con una guía. Al *Itine-*

La primera Guía Michelin (edición de 1900).

---

(1) Charles Brun. *Gastronomie Régionaliste* en *Psychologie de la Table*, 1928.
(2) A. de Croze: *Les plats régionaux de France*. Montaigne, 1928. Reedición. Morcrette 1977.
(3) P.E. Lamaison y Curnonsky: Recettes et paysages, Lamaison 1951
(4) Simon Arbellot. "La gastronomie" Hachette, 1962.

rario nutritivo por París de Grimod de la Reynière sucede entonces en l900 un librito rojo que conocerá un éxito sin discusión, hasta el punto que aún hoy rige el firmamento culinario: la *Guía Michelin*. Ya que su ambición no es solamente proporcionar a los viajeros los nombres y direcciones de los principales hoteles y restaurantes sino también clasificarlos por orden de mérito y citar sus especialidades.

La «estrella» Michelin se convierte en el símbolo de la excelencia, y para el restaurador en el símbolo del éxito.

Es así como algunos establecimientos regionales se transforman, poco a poco, en templos de la gastronomía, visitados por el *Tout Paris* y los turistas extranjeros que surcan Francia. Tres grandes casas emergen antes de la guerra: la de la Mère Brazier, la de Alexandre Dumaine, instalado en la Côte d'Or de Saulieu y *La Pyramide* de Fernand Point en Vienne.

A partir de esos pequeños albergues familiares se fundarán las verdaderas dinastías culinarias que aún hoy reinan en la Francia gastronómica contemporánea: los Bocuse en Callonges en el Mont d'Or; los Haeberlin en Illaeusern, los Daguin en Auch, los Darroze en Villeneuve de Marsan...

ALEXANDRE DUMAINE (1895-1974)

El 26 de agosto de 1895 nació en Digoin, en Saône-et-Loire, Alexandre Dumaine. Tras numerosas pe-regrinaciones adquiere *L'Hôtel de la Côte d'Or*, en Saulieu, que se convertirá en punto de peregrinación gastronómica.

El aprendizaje de Alexandre Dumaine se realiza en el *Hôtel de la Poste*, en Paray-le-Monial, bajo la férula de Louis Bonnevay, descendiente de una gran saga de cocineros. Una vez adquiridas las bases, Dumaine hace temporadas: el verano en Vichy y el invierno en la Costa en el *Carlton* de Cannes. Luego, viaja a París, y Leopold Mourier, gran restaurador, lo coloca en el *Café de Paris*. Más tarde, entra en la brigada del *Elysée-Palace* bajo las órdenes del maestro Marius Dutrey. Des-pués de la guerra, ocupa un puesto de chef salsero en el *Hotel Louvois*, siempre en París.

Alexandre se casa entonces con Jeanne, colaboradora de la revista americana *Harper's Bazaar*. A partir de entonces, ella se convertirá en su consejera y una excelente directora de sala.

La Compañía General transatlántica decide en 1922 crear una cadena hotelera de vocación gastronómica en el norte de Africa. Dumaine deja el *Hôtel Louvois* donde es chef y dirige sucesivamente en Argelia los *Hôtels-étapes* del Djurdjura, y luego de Biskra y Rouffi.

Nueve años después, Jeanne y Alexandre Dumaine cogen el *Hôtel de la Côte d'Or*, en Saulieu. El gran prestigio que ha adquirido en Africa del norte, facilita sus comienzos. Su establecimiento se convierte en una etapa de ensueño en la Nacional VI, entre París y Lyon. Situado a menos de tres horas de la capital su restaurante recibe el *Tout-Paris*.

Explota con talento todos los recursos regionales: charcutería, aves, lucio, cangrejos y los asocia con los vinos de Borgoña. Cuece incomparablemente los *civets, salmis* y *coq-au vin*.

Tras las restricciones de la guerra, los Dumaine dan una nueva dimensión a su casa, y en 1951, la guía Michelin les otorga la tercera estrella. Antes de terminar su vida profesional, Alexandre Dumaine redacta *Ma Cuisine* obra donde ofrece sus mejores recetas.

Cocinero talentuoso y reservado, Dumaine muere en Bourg-en-Bresse el 2 de abril de 1974.

Documentación de la Fundación Escoffier.

LA MÈRE BRAZIER, EUGÉNIE BRAZIER (1895-1977)

En Bourg-en-Bresse, Ain, el 12 de junio de 1895 es día de mercado. De pronto, Claudine Brazier siente dolores de parto. Rápidamente la conducen a casa de su madre donde traerá al mundo a la pequeña Eugénie.

Así nació Eugénie Brazier, rápidamente, entre dos faenas, y así vivirá siempre, trabajando, siempre sufriendo, hasta febrero de 1977, en que se apagará tras una corta jubilación.

Muchas son las "mères", esas amas de casa de la cocina burguesa, llenas de carácter, pintorescas, que han dado fama a la región leonesa: la Mère Guy, la Mère Buisson, la Mère Filloux... Pero entre todas, la Mère Brazier marcó profundamente nuestra cocina.

Los padres de Eugénie explotan una granja cerca de Pont-d'Ain. La vida es dura y desde los cinco años, la niña se ocupa de los animales. Pierde a su madre a los diez años y la colocan en otra granja. A los veinte años, entra al servicio de una gran familia de Lyon y se inicia en los fogones. Rápidamente, la cocina se convierte en su pasión y deja su empleo para entrar en el restaurante de la Mère Filloux. Aparte de la cocina, aprende la manera de llevar un comercio. Pero el carácter de Eugénie choca con el de la mère Filloux y se marcha a *La Brasserie du Dragon*, famoso restaurante. Así comienza su reputación en la ciudad de la seda.

En abril de 1922, Eugénie Brazier decide instalarse por su cuenta y coge un colmado donde acepta algunos huéspedes. Progresivamente, la clientela acomodada de Lyon acude para apreciar la cocina simple pero perfecta de la Mère Brazier. Tras una breve interrupción por razones de salud, se compra un caserón, en el Col de la Luère, cerca de Lyon. Es el comienzo de la gloria y cuando en 1933, la Guía Michelin atribuye por primera vez sus famosas tres estrellas, la Mère Brazier recibe esta distinción.

Todos los famosos acuden a probar la *poularda demideuil*. Los menús varían poco, pero todo es perfecto. La cocina es simple, los productos de primera calidad y la mantequilla reina, pero con discernimiento.

Es exigente consigo misma pero también con los demás. Paul Bocuse entrará como pinche de cocina en 1946. Será una buena escuela. Con tenacidad, Eugénie Brazier transforma, construye y al cabo de tanto tesón, se retira cerca del su *Col de la Luère*. Lejos de los fogones, se aburre y demasiado pronto, la enfermedad se la lleva, en febrero de 1977.

Documentación de la Fundación Escoffier.

FERNAND POINT (1897-1955)

El primero de nuestros grandes cocineros contemporáneos, el «Racine de los fogones» como lo llamará Curnonsky, nació en Bresse. Cocinero-restaurador, Fernand Point hará de su restaurante *La Pyramide* en Vienne, uno de los restaurantes más famosos del mundo. Y morirá en su templo, en 1955.

Desde su nacimiento, Fernand Point vive en las cocinas. Su padre, Auguste Point lleva el *Hôtel-Buffet de la gare* de Louhans. Por otra parte, su abuela y su madre, a la manera de las «mères» que han dado reputación a la zona, le aportan la revelación. Una vez terminado su aprendizaje, bajo las órdenes de su padre, Point viaja a París y entra en la brigada del Bristol. Luego entra en el famoso *Restaurant Foyot*. Finalmente trabaja en *Royal* de Evian. De todas esas grandes casas, Point destila sus principios de base: importancia de las salsas y de la ausencia de «mise en place» (cada mañana, hay que recomenzar el trabajo). Y la tercera regla, fundamental: mantequilla, siempre mantequilla (pero de manera oportuna).

En 1923, Fernand Point compra el *Restaurant Guieu*, en Vienne, que luego se convertirá en *La Pyramide* en homenaje al monumento construido por los romanos. Es el comienzo de una fama que tomará su verdadera dimensión en 1930, cuando se casa con una mujer de Ardeche, Marie-Louise Paulin. Gracias a sus cualidades como recepcionista, gracias a su voluntad e inteligencia, la famosa *Mado* aporta el complemento indispensable a ese gigante monolítico.

Como todos los grandes, Fernand Point construye su cocina con sabiduría: lo más difícil es hacer lo que parece aparentemente más simple. Como su modesto *Huevo al plato* que requiere muchos cuidados tanto para el punto de cocción como para el sazonamiento. La cocina tiene que ser fiel a sus bases no a las recetas, afirma Point.

La cocina de Fernand Point es la búsqueda del equilibrio, de la fineza, de la pureza. En esta escuela se nutrieron nuestros grandes maestros: Troisgros, Chapel, Bocuse, Outhier...

Para Fernand Point el placer de la mesa no se acaba en la cocina: el decorado, la comodidad, la vajilla también tienen su importancia. En la *La Pyramide* todo lleva hacia ese equilibrio necesario a todo arte.

Cuando se pasea por la sala, placer que aprecia particularmente, Point lleva siempre su pajarita. Y esa imagen es la que guardan de él todos sus fieles alumnos, la de un hombre generoso pero exigente, modesto y talentuoso, siempre en búsqueda de la perfección.

Fernand Point y su brigada
Documento Paul Bocuse.

La nouvelle cuisine

En 1960, el crecimiento económico es continuo. La ciencia lo invade todo, se sueña con andar sobre la Luna y con viajes interestelares, el cientificismo triunfante anuncia para mañana grandes progresos liberadores.

La cocina no ha sido invitada a esta marcha hacia el futuro.

Se ha terminado el tiempo perdido en comidas fastidiosas. Se olvidan poco a poco las privaciones de la guerra. El hombre está muy ocupado en sus negocios; se reconstruye el mundo. El intelectual, mientras tanto, teoriza sobre el marxismo y la revolución, premisas del triunfo de la sociedad sin clases.

El lujo irracional, demasiado marcado políticamente, se convierte en tabú. Y la gastronomía, como la Bella Durmiente, se hunde en un sueño. Para los aventureros de los tiempos modernos, ha llegado la hora del ascetismo alimentario. Los modelos de estética corporal han cambiado. La gordura del gastrónomo de los siglos XVIII y XIX era un símbolo de distinción social, demostraba su libertad frente a la necesidad. En una sociedad de la abundancia, la distinción se refleja en la delgadez. La hermosa mujer de antaño, entrada en carnes, pierde su encanto frente a las siluetas filiformes, apenas redondeadas «donde hace falta». Una dietética racionalizada, medicalizada, se populariza y anuncia el divorcio entre lo bueno y lo sano, entre la gastronomía y la dietética.

RAYMOND OLIVER (1909-1990)

Raymond Oliver nació el 27 de marzo de 1909 en Langon a orillas del río Gironda. Cocinero, restaurador del "Grand Vefour" de París, Raymond Oliver emprende la vulgarización de la cocina de los profesionales gracias a una larga serie de emisiones de televisión.

El padre de Raymond, Louis Oliver, más que instalar a su hijo en la tradición familiar, le obliga a realizar buenos y sólidos estudios. Pero las raíces están arraigadas y Raymond comienza a trabajar en el "Moulin Rouge" de París como ayudante de barman.

Con sabiduría, Louis Oliver, vuelve a pensar en sus ambiciones y hace entrar a su hijo en el "Hôtel Chambord" de los Campos Elíseos, donde debuta como ayudante del almacén.

Raymond Oliver se convierte en 1948 en propietario del "Grand Véfour" en el Palais Royal que compra al señor Vaudable, director de "Chez Maxim's". Apoyándose en la competencia de su chef de cocina, Raymond Oliver supervisa la acogida y el servicio. Es un hombre instruido, inteligente y culto. Enamorado de su arte, colecciona las obras culinarias antiguas y su biblioteca es una gran referencia.

En esta época se afianza la televisión y con osadía, acepta encargarse de una serie semanal de programas culinarios.

Era audaz, puesto que cocinar delante de la cámara con todos los problemas técnicos que esto implica, requería un sentido de la organización y del método que va más allá de la simple producción. Hay que presentar, analizar, comentar, animar, en una palabra: ser pedagogo. El éxito es total y la técnica del cocinero entra en todas las cocinas, con un acento delicioso y goloso.

Durante la exposición de Japón, Raymond Oliver es responsable de la restauración. Su prestigio es internacional. En 1965 publica "La Cuisine" y la obra de este cocinero mediatizado alcanza el éxito.

Como lo exigía la tradición de los Oliver, Raymond pasó el testigo a su hijo Michel.

Durante ese tiempo, los cocineros no pueden abandonar los marcos de referencia clásicos. Y el abismo se ahonda entre la mentalidad del momento y el mundo de la cocina, que se apega, cada vez más a la época fasta del siglo XIX.

El retorno a lo natural

Para compensar el progresismo desencadenado, se constata «un vuelco profundo de las jerarquías gastronómicas en favor de los platos rústicos y naturales. De esta manera surgen sobre las mesas burguesas las ollas de potajes, los panes campesinos, la pella de mantequilla. La patata asada, los distintos asados sobre fuego de carbón, las verduras «naturales», la búsqueda golosa de vinos, aceites, charcutería, productos de granja, en oposición a los productos industriales, traducen la nueva puesta en valor de la sencillez rústica y de la calidad natural que dejan de despreciarse en relación a la quintaesencia y el complejo arte de la alta gastronomía. A la vieja oposición alta gastronomía/alimentación rústica se substituye una nueva oposición alta gastronomía y gastronomía rústica/ alimentación industrializada». (1)

Las reglas del servicio no se modifican, pero aparecen sobre la mesa algunos utensilios que marcan la rusticidad: vajillas de cerámica o cuchillos de carnicero con mango de madera para cortar, sobre una tabla, el entrecôte congelado de América del Sur.

Michel Guérard, instalado en Asnières, tiene gran éxito con un plato novísimo: el *pot-au-feu* (el cocido).

Este «neoarcaísmo» se prolongará hasta después de 1968, en una versión ecológica, gracias a la moda de la alimentación biológica-vegetariana. De 1970 a 1976 florecerán las tiendas dietéticas, los restaurantes vegetarianos y los macrobióticos.

Así se expresa, a partir del rechazo del asesinato alimentario, la negación a participar de un orden social y cultural pervertido, degradado con respecto a la perfección inicial, natural, que convendría reconquistar, para ponerse en armonía con la tierra entera, con el orden del mundo.

Poco a poco se ponen en marcha los fundamentos imaginarios que permitirán la eclosión de la nouvelle cuisine francesa:

1. la coerción dietética de una alimentación sana;
2. un modelo de estética corporal de delgadez;
3. la aspiración de armonía con la naturaleza y
4. el rechazo por un orden social establecido.

Pero ese contexto mental, que funciona desde el final de los años sesenta, al principio, sólo conduce a la negación de los valores gastronómicos y al ascetismo alimentario. Para que se opere el cambio, habrá que rehabilitar el placer inmediato. Habrá que esperar

---

(1) E. Morin: *L'esprit du temps nº2 Nécrose.* Grasset 1975.

hasta las primeras fracturas del mito del crecimiento económico, con el conflicto petrolero y el comienzo de la crisis, para asistir a la renovación de la gastronomía. En 1974 una brisa fresca sopla sobre los fogones.

Los cocineros también inician su revolución; cansados de repetir de manera un poco neurótica los clásicos de Escoffier, se ponen a «vivir» su cocina. Michel Guérard, Henri Gault y Christian Millau se hacen eco y lanzan la fórmula *Nouvelle Cuisine*. El invento liga rápidamente, como una mayonesa con batidora eléctrica. El establishment avejentado y tripudo de la crónica gastronómica reacciona agriamente, lo cual asegura el éxito de la gastronomía renaciente. Si el futuro está en el punto del crecimiento cero, ¿para qué buscar «siempre más»? ¿Y si nos lo pasáramos bien, aquí y ahora? ¡Venga! ¡Todos al Club Mediterranée! ¡Todos al restaurante!.

Frente a frente con el deseo

Se han acabado las grandes fuentes, ahora se trabaja el plato. Se ha terminado la época en que el maître d'hôtel, cortaba, flameaba y dirigía con mano de hierro un enjambre de pinches. Actualmente, esta teatralidad se considera como un espectáculo de marionetas ridículo. El camarero es más agresivo que servicial. La dialéctica del maestro y el esclavo queda abolida. Los nuevos patrones no tienen obreros, sino compañeros de trabajo.

El nuevo cliente va al restaurante para comer, para procurarse placer. El psicoanalista se lo ha enseñado; también ha leído en *Gautl et Millau* (1) que la libido puede pasar por la mesa. Lo que le interesa es el alimento en tanto que "objeto de deseo", de su deseo.

«No, señores tradicionalistas... La buena cocina ya no se prepara en el comedor. El ballet alrededor de los crêpes Suzette, de la omelette flambeada, del bistec a la pimienta inundado de cognac, en el fondo de una fuente de plata, bajo la cual se quema un peligroso y maloliente quinqué de alcohol, pueden tener que ver con las atracciones de feria o con la vigilancia de los bomberos pero de ninguna manera se relacionan con la gastronomía». (2)

El ritualismo de una convivencia opresora, normativa, castradora se desmorona. La mujer liberada reivindica el derecho al placer. El comensal se desprende poco a poco de las obligaciones gastronómicas sociales y desea obtener su placer libremente. El plato individual, decorado con cuidado para cada comensal, marca esta ascensión del individualismo. Se han acabado las frustraciones provocadas por el maître d'hôtel que repartía el contenido de la fuente en los platos, y los distribuía en el respeto de la prelación: «primero la mujer de más edad, luego las otras mujeres casadas, luego las señoritas, finalmente los hombres en orden decreciente de edad». El servicio de la nueva cocina aparece como una formidable reactualización, individualizada, del gran «picoteo» típico del servicio a la francesa.

---

(1) Revista *Gault et Millau* nº142. *Le sexe, l'amour et la table*, 1981, investigación de C. Masson.
(2) J.F. Revel *Un Festin en paroles*

**PAUL BOCUSE
(1926)**

Paul Bocuse nació el 11 de febrero de 1926 en Collonges-au-Mont-d'Or, a orillas del Saone y a las puertas de Lyon. Los padres de su madre, Irma, llevaban el *Hôtel du Pont* en el mismo pueblo mientras que su padre, Georges, trabajaba en las grandes brigadas, especialmente *L'Hotel de Paris* en Montecarlo y el *Royal* de Evian. Su abuelo, Joseph, era propietario del *Restaurant Bocuse* que tuvo que ceder por razones familiares.

Tantos genios culinarios debían conducir a Paul Bocuse a la fama. Pero fue un largo camino. Hoy, Paul Bocuse o Monsieur Paul es el cocinero francés más conocido del mundo.

A pesar de las aparentes facilidades, Bocuse tiene que luchar para imponer su nombre. Efectivamente, la guerra estalla cuando Paul sólo tiene 12 años lo cual le impedirá un aprendizaje nor-mal. Pasa la mayor parte de su tiempo cazando como furtivo. Su padre lo hace entrar en casa de Claude Maret, en Lyon para formarse. Tras enrolarse en el ejército en el momento de la Liberación entra en casa de la famosa Mère Brazier, en el Col de la Luère.¡Duro aprendizaje!

En Vienne, *La Pyramide* resplandece. Paul Bocuse consigue que lo contrate Fernand Point que había trabajado con su padre. Preocupado por mejorar, viaja a París y entra en la brigada del *Lucas Carton*, el gran restaurante de la plaza de la Madeleine. Luego, vuelve con Fernand Point para ocupar el puesto de responsable de almacén hasta 1954. Su padre abre entonces el *Restaurant du Pont de Collonges* y Paul se reúne con él los veranos. Durante los inviernos trabaja en Megève. Tras la muerte de su padre, en el 59, continúa el negocio. En 1961 recibe la palma del Mejor Obrero de Francia. Es la gran consagración.

Presentar a Paul Bocuse es descubrir un hombre de gran talla. ¿Influencia de Fernand Point? Ciertamente. Como su maestro, dejará los fogones pero con la chaquetilla de cocinero. Quiere que la cocina recupere a los ojos del cliente la justa recompensa a sus penas. Como es un catalizador, junto con sus amigos recorre el mundo entero. Embajador de la cocina francesa, asegura también la promoción de nuestros productos y nuestros materiales.

En fin, Paul Bocuse es un hombre de comunicación. Honesto, nunca se toma demasiado en serio. Los grandes periódicos y las revistas lo presentan en sus portadas. Monsieur Paul está en todas partes: tiene el don de la ubicuidad. También le queda tiempo para publicar *La Cuisine du Marché*, *Le Gibier* y *Bocuse dans votre cuisine*, obras traducidas a once lenguas.

El redescubrimiento del cuerpo

Si la nueva cocina es la prueba de un profundo cambio de la mitología social -el abandono de un futuro prometedor, ya sea político o científico por una práctica más hedonista del presente- participa, al mismo tiempo, en un vasto proceso de redescubrimiento del cuerpo, de reunificación del ser humano.

Toda la tradición occidental, desde el cartesianismo, está marcada por una jerarquización de los sentidos más sutiles a los más vulgares, según estén más o menos vinculados a la activdd corpral.

«Es extraordinaria la importancia que se da al sentido del oído, por ejemplo y el desprecio en el que se mantiene el sentido del gusto», escribe Maurice Guégan. (1)

«Está muy bien visto tener un oído delicado, pero no se considera importante poseer una lengua o papilas sutiles.»

Porque el gusto está más próximo al cuerpo y el cuerpo es la sede del pecado, de la falta.

Es interesante analizar la distinción que se opera durante toda la primera mitad del siglo XX entre gourmet y goloso. El primer estado nos habla de una práctica supuestamente estética del control de los instintos, una sublimación, una elevación del placer por la buena comida, por la contención. El segundo conlleva la trasgresión, la abdicación de la razón frente a la impetuosidad del deseo.

La gula era una actividad culpable, en primer lugar, a causa de la regla religiosa que preserva al cristiano del pecado; luego, en razón de una regla médica que supuestamente protege la salud.

Integrando dietética y estética en su *Grande Cuisine Minceur* (2), Michel Guérard opera una formidable desculpabilización de la gula, y participa en una gran tarea de salud pública.

Características de la nueva cocina

La salsa debe preservar, revelar el gusto del producto que acompaña, tal es la concepción de uno de los cocineros más mediatizado de los años 80: Joël Robuchon.

Dicho esto, que se coloca detrás de Massialot, Menon, Carême, Escoffier, y recuerda a sus contemporáneos algunas evidencias que se olvidan de tanto en tanto y que conforman el genio culinario francés. . Cuando se destaca esta filiación y el perpetuo retorno de las ideas, se corre el peligro de pasar al margen de un proceso de evolución de los gustos que ignora lo que es profundamente original en la cocina contemporánea.

Cuando Massialot, en l691, habla del respeto del sabor de los alimentos, se opone a sus contemporáneos que usan y abusan de las especias hasta el punto de esconder el producto de base.

---

(1) Maurice Guégan: *Le sens du goût est preuve d'esprit*, en A. Croze: *La Psychologie de la Table.*
(2) Michel Guérard *La Grande Cuisine Minceur,* Laffont 1976.

MICHEL GUÉRARD
(1933)

Dos triunfos espectaculares marcan la progresión de Michel Guérard y de nuestra cocina. Para empezar, la concepción y la difusión de la *Cuisine Minceur*, y luego la transferencia de la gran cocina a nivel industrial.

Michel Guérard nació el 27 de marzo de 1933 en Vétheuil, pequeña ciudad del Val d'Oise, donde su padre era carnicero. Su abuela se ocupa de su infancia y lo inicia en las sutilezas de los sabores y de la pastelería. A pesar de su gusto por los estudios, cuando cumple a sus dieciséis años, sus padres prefieren orientarlo hacia una formación profesional. Guérard elige la pastelería y comienza su aprendizaje en Mantes la Jolie.

Al cabo de esta formación, Guérard se orienta hacia la cocina y trabaja en la *Hôtellerie des Cygnes* en Tôtes.

En 1955 viaja a París y entra como maestro pastelero en el Crillon. Es el desubrimiento de la gran brigada y de su organización. Conquista el título de Mejor Obrero de Francia en 1958. Como desea ampliar sus conocimientos entra en el *Lido* y luego trabaja algún tiempo en la cocina de la casa de los propietarios del establecimiento. Al cabo de esta experiencia vuelve a la restauración clásica trabajando con Delaveyne en Bougival.

En 1965, Michel Guérard decide volar por sus propias alas y compra una pequeña taberna en Asnières. Los comienzos son difíciles pero pronto llega el éxito y la clientela parisiense se amontona en el estrecho pasillo del *Pot-au-Feu* para apreciar esta cocina diferente, nueva y ligera. Cambio de rumbo en 1974, cuando Guérard se instala en las Landas en Eugénie-les-Bains. En esta estación termal Guérard profundiza en sus trabajos de dietética y en 1976 publica su primer libro *La Grande Cuisine Minceur*, seguido dos años más tarde por *La Cuisine Gourmande*. Ambos traducidos a doce lenguas.

Las actividades de Guérard son múltiples: dinamiza la estación de Eugénie, toma parte activa en la gestión de la *Chaîne thermale du soleil*, es consejero culinario del grupo Nestlé, para quienes pone en marcha sus productos congelados. Su capacidad para transferir la calidad de la producción artesanal a la escala industrial constituye una verdadera proeza.

Sin aspavientos, con sencillez y una gran amabilidad, Michel Guérard, cocinero emprendedor y dinámico, continúa su progresión entre los Grandes Maestros de la Cocina.

Cuando Escoffier habla del respeto por el gusto, es para llevar a los cocineros de su tiempo a simplificar las asociaciones entre alimento principal, salsa y la multitud de guarniciones que lo acompañan.

Los cocineros contemporáneos anteponiendo el respeto por el gusto natural del producto, vuelven a desarrollar nuevas formas de cocción y una nueva concepción de las salsas.

Se trata del mismo argumento al servicio del mismo proceso evolutivo, pero analizado de otra manera.

Desde 1974, respondiendo a un nuevo culto del cuerpo y a una estética corporal de delgadez, la cocina se desea «ligera». Michel Guérard «entierra» los premios Goncourt con sus recetas de   El éxito de la gama "cocina ligera" de Findus nos demuestra la amplitud del fenómeno.

Evolución de las salsas

Fondos reducidos pero poco cocinados

Si los cocineros del siglo XIX, inspirados en el simbolismo alquímico, veían en las largas cocciones la manera de obtener la quintaesencia de los sabores, los cocineros modernos buscan el sabor natural, imponen nuevas formas de cocción y modifican ligeramente la práctica de los fondos. «En realidad, yo creo que una salsa debe parecerse a una tisana», confía Robuchon. «Para que una tisana sea buena, tiene que estar en infusión el tiempo justo. Nuestros fondos de salsas a la antigua las dejaban macerar demasiado tiempo lo cual les daba un gusto acre. Es necesario detectar el tiempo justo. Porque un fondo de ternera que cuece durante tres horas, es bueno.» (l) Tras esta cocción, interviene la reducción que concentra el fondo colado.

Ligera, ¿ha dicho ligera?

Para que una salsa sea ligera, la regla más común (al menos en el discurso) es la supresión de las ligazones con harina. El anatema adquiere a veces un tono casi religioso, hasta prohibir la más mínima pizca de mantequilla manipulada en los fogones. Pero ¿de qué manera están ligadas esas salsas que cualquier catador calificaría de ligeras?

Esas salsas que cualquier catador califica de ligeras ¿están ligadas de qué manera?

La idea de utilizar productos lácteos pobres en materias grasas se la debemos a Michel Guérard: el yogur 0%, crema a 20% y mantequillas ligeras que hoy conocen un gran éxito en la gran distribución. También le debemos la técnica de ligar las salsas con puré de verduras, gracias a una batidora de gran velocidad (blender).

«Este es —dice Guérard— uno de los principios fundamentales de mi cocina adelgazante; se encontrará cómo aplicarla en muchas de mis recetas. La mezcla sutil y dosificada de las verduras es la base de armonías aromáticas muy novedosas." (2)

---

(1) Joël Robuchon: *L'art des sauces*, entrevista de Nicolas de Rabaudy, en *Boissons et restauration*, noviembre l986.

(2) Michel Guérard *La Grande Cuisine Minceur*, Laffont 1976.

Esta tendencia coincide con las preocupaciones dietéticas contemporáneas. Y esta noción de ligereza nos devuelve a una impresión gustativa particular, la que dejaban las salsas «montadas» con mantequilla. Una salsa ligada con harina se pega a la lengua, mientras que las salsas emulsionadas se deslizan dejando detrás un bouquet de aromas.

A la pregunta ¿qué es una salsa moderna? Joël Robuchon no duda en responder con su franqueza tradicional: «Tal vez sea un jugo muy reducido en el que se introduce una materia grasa: mantequilla o crema que se bate hasta obtener una emulsión. En mi juventud, para obtener un litro de salsa se necesitaban 30 a 40 gramos de harina y 30 a 40 gramos de mantequilla. Hoy, hacen falta de 80 a 100 gramos de mantequilla, lo cual es mucho.»

Debemos recordar que una ligazón con mantequilla aporta muchas más calorías que una ligazón con harina o con roux (100 g de mantequilla = 740 calorías; 40 de mantequilla + 40 de harina = 450 calorías).

Esta noción de ligereza invocada por todos los actores (cocineros pero también gastrónomos) de la cocina actual no nos devuelve a una noción de dietética sino más bien a una sensación gustativa.

El retorno de las mousses

Esta búsqueda de una sensación, ligada a la preocupacón dietética vuelve a poner de moda las mousses.

Si las cocinas ligeras y adelgazantes de A. Guillot (1) o de M. Guérard redescubren las mousses y les dan un estatuto al que nunca había accedido, es en gran parte gracias a la aparición de materiales nuevos: batidora y cúter, que revolucionan, simplifican y permiten el gran desarrollo de esta técnica, pero sobre todo gracias al aura simbólica de «ligereza» que encarnan y que subyuga al comensal del siglo XX, aterrado ante la idea de ver su silueta traicionada por su impetuosidad alimentaria.

La influencia de esta imposición simbólica se leerá incluso en las recetas que, con el correr de los años y los cambios de escenario imaginarios, se licuarán, se recargarán o se aligerarán...

La denominacón genérica «mousses» designa en cocina y en pastelería, preparaciones muy distintas, que pueden servirse calientes, frías o incluso heladas, pero cuya característica común es la de ser una mezcla íntima de diferentes alimentos picados, majados, batidos, más o menos soufflés, que funden en la boca y se pueden comer casi sin masticar.

Con la Nouvelle Cuisine de los años 70, asistimos a una verdadera revolución del simbolismo alimentario, en el que la mousse se inscribe perfectamente. Las cualidades que hacían de ella un manjar insípido, sin identidad, huidizo, inestable, incapaz de ocupar un lugar estratégico en un menú (el de plato de «resistencia», por ejemplo) permitirán el éxito de todas esas mousses y muselinas que invaden actualmente las mesas: son ligeras, sutiles, delicadas, finas, suculentas y aéreas. «Alejan a los manjares de su tosca identidad», confirma J.P. Aron. (2)

Asistimos a una verdadera revolución del marco de la percepción. Hay una voluntad

---

(1) AS. Guillot: *La Vraie Cuisine Légère*, Flammarion.
(2) J.P. Aron: *Les Modernes* Gallimard, 1984.

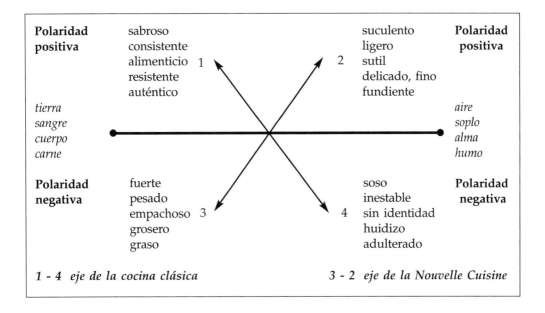

Polaridad positiva	sabroso consistente alimenticio 1 resistente auténtico	suculento ligero 2 sutil delicado, fino fundiente	Polaridad positiva
	tierra sangre cuerpo carne	*aire soplo alma humo*	
Polaridad negativa	fuerte pesado empachoso 3 grosero graso	soso inestable 4 sin identidad huidizo adulterado	Polaridad negativa

1 - 4 eje de la cocina clásica   *3 - 2 eje de la Nouvelle Cuisine*

de sobrepasar la oposición tradicional entre dietética y gastronomía. Se buscan otras modalidades de placer alimentario aparte de la trasgresión. La mousse ligera, fácil de digerir, responde a esta necesidad como un alimento capaz de aportar placeres sutiles, al mismo tiempo que preserva la salud y respeta la nueva estética corporal de delgadez.

El cúter revoluciona la práctica; esta larga preparación se realiza actualmente con toda rapidez: el robot pica, «aprisiona» el relleno sin que haya necesidad de trabajarlo sobre hielo, y la homogeneidad es tan perfecta que se pueden incorporar cantidades de crema que sobrepasan la cantidad del producto de base, lo cual duplica el efecto aéreo. La técnica ha llegado para salvar el símbolo.

La creatividad culinaria

Bucear en el pasado

Hasta 1970, el gran chef no tenía otro medio para expresar su talento que repetir las obras creadas por sus antepasados de la Edad de Oro.

Si se realiza la analogía con la práctica musical, los cocineros del siglo XX se encontraban un poco en la situación de un músico moderno que no pudiera componer y no tuviera otra forma de desarrollar su arte que interpretar con el mayor talento posible las obras de Bach o de Beethoven, sin crear nada nuevo. Cualquier innovación se vivía como una degradación de una perfección inicial o como pretenciosidad.

La nouvelle cuisine de los años 70 fue un vasto movimiento de liberación culinaria. Los cocineros abandonaron los clásicos del siglo XIX y se lanzaron de cabeza a una práctica creativa. Pero no es posible liberarse de 150 años de respetuosas repeticiones sin

JOËL ROBUCHON
(1945)

La carrera de Joël Robuchon es ejemplar desde todos los puntos de vista y puede servir de ejemplo a las nuevas generaciones de cocineros. Tres grandes cualidades constituyen la base de su éxito: la honestidad, el rigor y la discreción. Sigamos el recorrido sin tropiezos de ese gran chef del siglo XXI.

A los quince años, Jöel Robuchon comienza su aprendizaje de cocinero en el *Relais de Poitiers*, abandonando sus primeras ambiciones de arquitecto. En julio de 1963, cuando llega su primera temporada, Robuchon entra como *pinche en el* Grand Hôtel de Dinard. En septiembre, marcha a París y tras trabajar en algunas casas, entra en la brigada del Berkeley. A los 25 años, obtiene su primer puesto de chef en la barcaza *Ille de France*.

Luego, tras un breve paso por el *Frantel de Rungis*, Robuchon recibe la consagración cuando abre, a los 29 años, en la Porte Maillot, el gran hotel parisino *Concorde Lafayette*. El éxito que corona su cocina y la organización de esa gran brigada lo conduce en 1978 al puesto de director de restauración del Hotel *Nikko*. Finalmente, en 1981, Robuchon abre su propia casa: el *Jamin*.

Hemos dejado para el final el nombre de quien fuera su padre espiritual, el buen amigo que guió sus pasos: Jean Delaveyne, maestro cocinero de Francia.

A lo largo de toda su carrera, Robuchonsiempre ha asociado la necesidad de la administración culinaria al desarrollo del dominio técnico y estético. Así se edifica el estilo Robuchon, que se transluce en todas sus creaciones.

Este éxito se construyó con un gran rigor, primera cualidad de Robuchon, lo cual le permitirá ganar innumerables concursos Mejor Obrero de Francia en 1976 y triunfar en su restaurante. La honestidad constituye el otro elemento de su ascenso. A pesar del éxito fulgurante de su establecimiento, a pesar de obtener las tres estrellas Michelin en tres años, y de sus numerosas exigencias mediáticas, Robuchon siempre está en el pase: todo lo que envía al cliente, pasa por su control. Para terminar, debemos hablar de la gran discreción de esta estrella culinaria, siempre encerrado en sus cocinas, entre sus cocineros, dejando la relación con los clientes en manos de sus empleados o de su esposa.

algunos excesos, y por eso nos encontramos con una época de *sardinas con fresas* o *rodaballo con kiwi*, justamente criticada pero superada rápidamente. Sin embargo, más allá de esos excesos se opera un trabajo de fondo que convulsiona el espíritu gastronómico. Una vez rehabilitada la creación culinaria, el único problema del cocinero consiste en encontrar nuevas fuentes de inspiración.

Zambullirse en el pasado culinario aristocrático y popular para imaginar la cocina de hoy.

El cocinero -que desde hacía tanto tiempo veneraba un paraíso culinario perdido, que concebía su misión como la de un monje que, por una práctica ritual se siente el guardián de una tradición- debe ahora personalizar y reactualizar su práctica, es decir darle las cualidades de su época y de lo que él mismo es. Personalización necesaria porque el medio tecnológico evoluciona y que las industrias agroalimentarias ponen en el mercado productos cada vez más elaborados pero cada vez más uniformes.

A partir de entonces la inspiración culinaria se desarrolla en función de dos ejes que el arte clásico había rechazado durante mucho tiempo:

• la cocina aristocrática, anterior a la Edad de Oro, gracias a una revisión de las viejas recetas de la Edad

ROGER VERGÉ
(1930)

Entre los grandes cocineros con-temporáneos Roger Vergé ocu-pa un lugar particular. Su con-tribución a la cocina france-sa, reposa en su perfecto dominio de la cocina del sur, y a su papel como propagador.

Roger Vergé nació el 7 de abril de 1930 en Allier, donde su padre era herrero. En el colegio es un buen alumno. A través de sus lecturas se desarrolla una gran pasión: recorrer el mundo como su ídolo Jean Mermoz. Quiere aventura, ser piloto, conocer los grandes horizontes.

Otro sueño: la cocina; invade progresivamente su mente, instilada con amor por su tía Celestina, excelente cocinera. Dos pasiones, diferentes y divergentes, que Roger Vergé conseguirá hacer coexistir.

A la salida del colegio empieza una formación de mecánico. Pero su padre muere, y debe abandonar los estudios. Su tía Celestine, lo guía entonces hacia el *Hôtel-Restaurant du Bourbonnais*, en su ciudad natal donde entra como aprendiz a los 17 años con Alexis Chanier concluido su aprendizaje este lo recomienda a *La Tour d'Argent*. Luego entra en el *Plaza Athénee* que dirige Lucien Diat y tras aprender los principios culinarios de A. Escoffier trabajará en el extranjero: el Mansour en casablanca, el Oasis en Argel.

Con recomendación de Lucien Diat, toma la responsabilidad de dieciseis restaurantes-aéreos en Kenia y Rodhesia. Las condiciones son particularmente penosas: no hay equipos, el aprovisionamiento es complicado, el personal poco cualificado y hay tensiones políticas. Esta adversidad es formadora para quien será llamado luego *el viejo coronel*. Durante 5 años (1956-60) seducirá a una clientela prestigiosa y se ocupará de los aviones. En 1960 vuelve al *Hôtel de Paris* en Montecarlo.. Entre 1961 y 1968 alterna la dirección del Hôtel en Ocho-Rios (Jamaica) donde organiza las cocinas en invierno, con el *Club de la Cavalière*, en el var, en verano donde recibe su primera consagración: dos estrellas Miichelin.

Nuevo desafío: los juegos Olímpicos de Grenoble 1968, para los cuales es nombrado director de la restauración.

A raíz de una corazonada compra el *Moulin de Mogins*, será el éxito. Con su esposa Denise, renovará, agrandará, concebirá un parque encantador y poco a poco nacerá ese lugar excepcional que actualmente fo-rma parte de los mitos de la Costa Azul. En 1969, cinco empleados participan en la apertura. Roger Vergé es feliz en ese sitio. Su cocina es inventiva, llena de sol de productos provenzales. También utiliza los productos de otras provincias. El toque sigue siendo clásico, la ortodoxia del gran salsero se advierte en los platos... «las salsas son para el cocinero como los colores para el pintor: esenciales».

El crítico Henri Gault lo descubre y lo da a conocer. La consagración es fulgurante: primera estrella en 1970, seguida de otra en 1973 y última recompensa el año siguiente. Entre tanto, sus pares lo han consagrado Mejor Obrero de Francia, en 1972.

De artesano, Roger Vergé se convierte en artista. La compañía de sus amigos, el escultor César, el pintor Roger Muhl, el vidriero Paul Van Linh dinamizan su fuerza creadora.

Un ambiente de glamour flota sobre su *Moulin*, que se convierte en un lugar de cita ineludible para todos los famosos. Animado por sus amigos Paul Bocuse y Gaston Lenôtre, se asocia para abrir y dirigir Les chefs de France, en el *Epcot Center* de Orlando.

Su pasión, su saber-hacer los trasmite generosamente a los cocineros que trabajan con él: Ducasse, Maximin, Chibois entre los más famosos. Abre una escuela de cocina en su segundo restaurante L'Amandier. Finalmente, sus obras explican su filosofía y describen su cocina: *Ma cuisine du soleil*, 1978 y *Les fêtes de mon Moulin*, 1986, *Les Légumes de Mon Moulin*...

El éxito, jamás ha enturbiado la sencillez, la naturalidad, la alegría de Roger Vergé. Así es su cocina. Menos aventurero que cocinero curioso, gran artista, siempre está a la búsqueda de nuevos productos, nuevos efectos, nuevas sensaciones para sorprender, maravillar y continuar siendo esplendido.

Media o del Renacimiento. Se trata de la reapropiación, a través de una disciplina del propio pasado;

•las cocinas regionales populares, ya que la tradición gastronómica aristocrática se desarrolló en Francia distanciándose de las prácticas alimentarias populares.

Así surge luego la «nouvelle cuisine» del terruño, de la que Roger Vergé, Jacques Maximin, Emile Jung, Antoine Westerman, André Daguin, Lucien Vanel, Michel Bras o Charlou Raynal se convierten en portavoces elocuentes. Esta cocina traduce el retorno de los grandes cocineros a los productos y a las técnicas de nuestras cocinas regionales.

La gastronomía posee entonces dos vías de desarrollo: la cocina aristocrática que se caracteriza por el lujo y su distanciamiento en relación a la necesidad, y la cocina popular que se aplica en sacarle partido a los productos, que pone a su disposición el nido ecológico donde crecen.

Responder a una primera necesidad con productos de lujo y un máximo de refinamiento o tratar de crear un poco de lujo con productos más simples o banales, son los dos polos opuestos del desarrollo de la imaginación culinaria.

La aparición de la nouvelle cuisine del terruño, que responde también a la necesidad de devolver las raíces a un mundo alimentario industrializado, que ha perdido más o menos su alma, expresa la reunificación de esas dos tendencias contradictorias y marca una nueva etapa en la creación culinaria.

El espíritu de la nouvelle cuisine se exporta

La perspectiva de la nouvelle cuisine se caracteriza por la idea de que existe una doble tradición gastronómica: la cocina y las artes de la mesa cultas, es decir la gran gastronomía clásica y las culturas alimentarias regionales, populares. Con esta idea, en los años ochenta, los grandes chefs franceses recorren el mundo. Invitados a promocionar la «nouvelle cuisine francesa» o en el caso de los más importantes, como consultores de grandes cadenas hoteleras internacionales o la industria agroalimentaria. Verger y Blanc en Bangkok, Robuchon, Gagnaire, Loiseau, Bras en Japón, Guérard en Estados Unidos y Bocuse un poco por todo el mundo.

Las grandes escuelas hoteleras extranjeras, como la escuela Tsuji de Osaka (Japón), el Institut de Tourisme et Hôtellerie de Quebec en Montreal (Canadá) la Escuela de Hostelería y Turismo de Estoril (Portugal), el Taylor College de Kuala Lampur (Malasia), el Hotel Fach Schule de Heidelberg (Alemania)...acogen la flor y nata de la cocina francesa. Mejores Obrero de Francia y «estrellados» Michelin van a presentar la actualidad de la cocina francesa y su recuperación del terruño. Los grandes chefs franceses promocionan una concepción de la cocina atenta a los patrimonios culinarios locales. Este encuentro con otras culturas alimentarias tendrá una doble consecuencia. En primer lugar, contribuirá al desarrollo de las cocinas cultas de inspiración local y permitirá el nacimiento denuevas cocinas quebequoise, japonesa, australiana, californiana, alemana... que defienden, hoy con un gran brío, numerosos grandes chefs. A su vez, este encuentro tendrá influencias en la misma cocina francesa. Así nacerá una «nouvelle cuisine mestiza», que se enriquece con la utilización de productos y técnicas exóticas. La

MICHEL BRAS
(1946)

Entre los chefs contemporáneos, Michel Bras ocupa una posición particular. De hecho, se sitúa fuera del tiempo y fuera del espacio. La concepción de su arte, su recorrido profesional, su estilo de vida son profundamente originales y atípicas. Explora con energía y determinación su terreno, que es la naturaleza y no escucha el canto de sirenas efímeras. Es un gran cocinero, arquetípico de la creatividad expresiva.

Michel Bras nació el 4 de noviembre de 1946 en Gardiac, en el Averyron. Realizó sus estudios en el colegio Espallion a algunos pasos de la empresa familiar: El hotel-restaurante *Lou Mazuc* de Laguiole. El Aubrac y la cocina lo fascinan. En cuanto sale del colegio, guiado por su madre, talentuosa Cordon Bleu, se inicia en la cocina del terruño. Y esta complicidad perdura aún.

Ante la dificultad por dejar Laguiole, no habrá formación exterior, ni paso por las brigadas, ni Tour de Francia. Michel Bras se instruye solo, dejando que su intuición se exprese. Compensa este asislamiento estudiando con pasión la literatura culinaria. También se alimenta de los grandes pensadores: Saint Augustin, Lamartine, Saint-Exupéry, Ernest Renan, Francis Ponge...

Progresivamente, *Lou Mazuc* adquiere una sólida reputación, coronada por las críticas gastronómicas y legitimada por tres estrellas en la Guía Michelin. Pero Michel Bras quiere ir hasta el final de su camino, instalar su restaurante en medio de la naturaleza. Es así como en 1992 se abre el Michel Bras sobre el *Puech de Suquet*, un poco alejado de la ciudad, concebido en una ósmosis perfecta con el medio ambiente de luz, piedra y vegetación de la meseta de Aubrac.

Aquí la estrella es la naturaleza tanto en el exterior como en el plato. Michel Bras es el mediador. Para ser el lazo fiel hay que estar a la escucha de los mensajes de la naturaleza, depurarla, integrarla antes de poder restituirla sin traiciones. Por eso, Bras se pasea por los antiguos caminos de los campesinos, se impregna, contempla esas maravillas continuamente renovadas, y hace fotos de esos momentos de emoción intensa:

soles fríos, soles de oro, luz cautiva, rezumamientos...

Lo que él propone no solamente es comida, sino emoción, sensibilidad para compartir con los huéspedes.

Esta creatividad exigente, necesita un cuestionamiento permanente... una gran capacidad para maravillarse siempre. Las presentaciones de los platos son vivas, burbujeantes, dinámicas, «es el viento que pasa». La analogía guía su trabajo. Por ejemplo, las hojas amplias y ovales de la genciana lutea, se convierten en un estuche de presentación como las hojas de bananos que se encuentran en Indonesia; el haz de luz que se adivina en el cielo nublado, se encuentra en la sombra negra del filete de rape...

El alma de la creación siempre proviene de la tierra, pero para hacer vibrar la sensibilidad golosa, se busca siempre el placer hedónico absoluto, asociando los cinco sentidos y los cuatro sabores. Esta ósmosis se aparta de los cánones del gusto., sorprende y no siempre es comprendida en su totalidad, pero el creador va al cabo de su expresión con audacia y tenacidad.

Sus obras *Le livre de Michel Bras* o *Les Carnets de Michel Bras* aportan una luz complementaria sobre su personalidad. Los textos preliminares a cada receta confirman el deseo de transmitir, de comunicar. Sobrepasando el aspecto técnico, se encuentra la complicidad golosa. Las fotos que ilustran los *Carnets* han sido tomadas por Michel Bras. Además, las recetas no están clasificadas en orden alfabético sino según un ritmo estacional que ya había introducido La Varenne en su *Cuisinier François*. El ciclo del año se presenta en siete tiempos fuertes.

En su restaurante, para acentuar el espíritu del terruño, el cuchillo tradicional de Laguiole no se cambia durante la comida, de la misma manera que el pan se corta en la mesa. Este acto de fe sorprende a los habituales del servicio clásico.

Solidamente enraizado en su suelo natal, Michel Bras es indiscutiblemente un innovador talentuoso y un purista.

PIERRE GAGNAIRE
(1950)

Brillante innovador, entusiasta, loco por la pintura moderna y el jazz, Pierre Gagnaire muestra su personalidad en sus composiciones culinarias.

En Apinac, una población de Haut-Forez, en la Loira nació Pierre Gagnaire el 9 de abril de 1950. A partir de los 14 años, aprovecha sus vacaciones de verano para aprender la pastelería en Duchamp, en Saint-Etienne. El verano siguiente entra en la gran cocina de Paul Bocuse en Collonges, lo confían a Jean Vignard, gran figura de la cocina lionesa, que ya había formado a Alain Chapel, en 1968 recibe el título de mejor aprendiz de cocina del departamento del Ródano.

Tras el servicio militar, en 1972, viaja a Paris y se suma a la brigada del Maxim's. El año siguiente, pasa al Intercontinental, donde oficia el chef Janon, antes de entrar, en 1974 en *Lucas Carton* de la plaza de la Madeleine, bajo las órdenes de Michel Comby. Se trata de un recorrido clásico por las grandes brigadas, pero Pierre Gagnaire encuentra estos ambientes algo rígidos y austeros. Vuelve en 1976, a *Le clos fleuri*, de Saint-Priest en Jarez, restaurante que su padre había creado veinte años antes en una granja familiar. El estudio minucioso de la *Guía Culinaria* de Auguste Escoffier le permite poner sus bases técnicas. El negocio tiene una buena reputación y obtiene una estrella Michelin. Lentamente, el alma de Pierre Gagnaire se modifica, bajo el efecto de pequeñas iluminaciones sucesivas: la carta de platos de Alain Chapel le revela la importancia del texto; un almuerzo en casa del joven Chavent lo tranquiliza, una concepción muy personal de la cocina puede tener éxito y finalmente, una foto de los hermanos Troigros sonrientes, distendidos, le hace comprender que se puede ser feliz en este oficio, que el calor humano y la creatividad son posibles en la cocina.

En 1981, se instala en Saint-Etienne, calle G. Teissier. En su casa, Gagnaire deja que su juventud, su pasión guíen su pensamiento e inspiren su cocina . El arte moderno y el jazz hacen vibrar sus presentaciones. Su cocina algo iconoclasta no deja a nadie indiferente: seduce, sorprende pero también desencadena la ironía. Su reputación se amplía, hasta en el extranjero. Es invitado a Estados Unidos y a Japón. En Francia, una segunda estrella corona su talento en 1968.

Para armonizar sus platos y su restaurante tiene que modificar el decorado. Compra un caserón burgués en el número 7 de la calle de la Richelandière, rodeado de un equipo formado por un arquitecto innovador, un estilista y un colorista, Pierre Gagnaire imagina un marco espectacular. En 1993, entra en el club restringido de los tres estrellas Michelin. El alejamiento de los centros de negocios y de las redes turísticas asociado al declive económico de la región, le ocasionan grandes dificultades financieras, cesa su actividad en 1996.

Ayudado por unos pocos amigos, se instala en Paris, en el número 6 de la rue Balzac. Las críticas gastronómicas le otorgan su confianza y reconquista casi enseguida las tres estrellas Michelin.

Las creaciones de Gagnaire son arte. Las formas, los colores de la composición estallan en un aparente desorden. Es expresionismo, combinación de intuición, de imaginación. Es la explosión de la necesidad de comunicar sus sentimientos, sus sensaciones.

El plato en su integridad se convierte en paleta de artista. Ls bordes quedan olvidados y se integran para dar valor a los componentes principales. En forma de puntos, trazos, chorros, los jugos y las salsas se instalan en forma de manchas de color. Es el toque específico de las presentaciones de Gagnaire. Ese «manchismo» está inspirado por su afición a la pintura moderna.

Sin embargo, la precisión de las preparaciones, la justeza de las cocciones y de los sazonamientos subyacen en las realizaciones. «No hay que reducir la cocina a unos trucos», afirma Pierre Gagnaire. Apasionado por la cocina y el arte contemporáneo, Pierre Gagnaire sigue siendo sobre todo un gran cocinero, siempre honesto con relación al producto, exigente en cuanto a las técnicas y entusiasta en la puesta en escena.

influencia más visible se situa en la decoración. Los platos de la cocina francesa contemporánea deben mucho al arte de la decoración asiático, especialmente japonés (1). En cuanto a lo culinario, gracias a las numerosas transformaciones debemos notar por una parte, la ampliación de la gama de especias; su utilización, de casi homeopática en la cocina clásica, ha pasado a ser tan importante que casi se las puede considerar como un ingrediente más. Por otra parte, las técnicas de cocción al vapor se han diversificado gracias al uso de los cestos de vapor asiáticos.

Las formas de la innovación culinaria

¿Cómo funciona la invención culinaria en la nouvelle cuisine? Es posible identificar dos ejes principales de la creatividad culinaria: el primero sería el juego de códigos; a partir de la lengua culinaria clásica, se transforma la sintaxis, se renueva. El segundo eje sería una transformación de los principios de la construcción del gusto del plato en sí mismo.

Juego de códigos

Las denominaciones culinarias clásicas, es decir las que utilizan referentes, nombres de personajes, de lugares, de clase, no implican explícitamente el campo semántico culinario y dejan lugar a denominaciones descriptivas, construidas según el modelo de las que se utilizaban a finales del medioevo y durante el Renacimiento. Se alargan, enumeran y se vuelven evocadoras. Lo natural, lo pequeño, lo ligero, lo fino, las declinaciones de las variedades de ensalada o verduras raras invaden las denominaciones.

Vientre y espalda de dorada rosada de las barcas pesqueras, en infusión de vino tinto, con fundido de puerros tiernos o ensalada de jaramaro, hojas de roble, con pato silvestre con aceite de nuez y capones, de Alain Chapel pueden servirnos de ejemplo.

«Las barcas pesqueras» se han hecho a la mar para pescar para usted esas doradas. Nada que ver con productos anónimos, como esos pescados congelados que los barcos industriales vierten en los naves de nuestros supermercados. El vino tinto en infusión... ¿existe más ligero que una infusión? Capaz de consolarle en caso de una indigestión, no podría pesar sobre los vientres de doradas rosadas. En fin, los puerros tienen la ternura de la juventud y encima están fundidos: la garantía de fundirse de placer, e incluso quizás la seguridad de perder algunos kilos, de hacerlos fundir.

«La ensalada de...» evoca el catálogo agronómico, todos los ingredientes están enumerados sin distinción de status: ensaladas más o menos raras; el pato, y hasta el aceite entra en la descripción. Pero el juego de las denominaciones no se termina allí, una nueva manera de «decir» el alimento se pone en marcha y transforma la retórica de las denominaciones. Jean-Paul Aron se sorprende porque teme que «vivamos en una sociedad que ha sustituido... el discurso a la realidad». (2) A veces, cae en el exceso que estigmatiza Henri Bostel, periodista gastronómico y ex-cocinero:

He aquí una lista de platos de cartas de restaurantes de ese comienzo de fin de siglo,

---

(1) Ver el prefacio de Jean Pierre Poulain al libro *L'Art de présenter les plats*, R. Habsch, Ediciones LT y Lanore.
(2) Jean-Paul Aron, 1997, *De la glaciation dans la culture en général et dans la cusine en particulier* en *Cultures, nourriture*. Babel, Actes Sud.

escribe en un artículo aparecido en 1978, en Paris-Poche:

- *Agujitas de pintada con compota de pétalos de berro*
- *Rillettes de atún con mousse de aguacate perfumada con lima*
- *Pechugas de San Pedro con grosellas*
- *Sopa de fresas...*

De la misma manera que el lenguaje, la cocina tiene sus modas. Lo que sostiene la cocina, incluso la nouvelle cuisine, es más el verbo que el contenido. He aquí como hay que proceder para gozar de esos últimos instantes de moda:

- Bautizar las entradas con nombre de postres. Por ejemplo, comenzar con un «sorbete de embutido».
- No olvidar que las terrinas deberían ser de pescado o de verduras (pequeñas, de preferencia).
- En cuanto al plato principal, invertir el nombre del contenido tradicional, sobre todo en lo que se refiere a las carnes y pescados. Ejemplo: «steak de lenguado» o «rodaja de vaca a la moda»...
- Reconvertir los nombres de postres en nombres de entrantes. Ejemplo: «sopa de higos» o «sopa de fresas»...

No será el plato lo que atraerá sino la sutileza de la sintaxis, concluye Bostel. "Hay tan pocas creaciones en cocina que las recreaciones divierten mucho."

Forzando un poco la mano para provocar la discusión, esta demostración pone en evidencia, para empezar, la manera en que la nouvelle cuisine juega con los códigos pero también que la cocina es una cuestión de lengua. Lo más sorprendente sin duda es que de estos juegos de palabras, juegos de manjares saldrán auténticas creaciones que, rapidamente, se convertirán en clásicos. Los «hojaldres» serán de tomate y cangrejo (Joël Robuchon), los canelones abandonarán la pasta por berenjenas y se rellenarán con carne de atún (Robuchon también) y el «Tartare» con salmón y ostras a veces realzado con caviar (Bernard Loiseau) encontrará una nueva expresión así como los ravioles afirmarán su excelencia con foie-gras y jugo de trufa (Dominique Toulousy).

Una cocina de ensamblado... de sabores; lo más importante sucede en la boca.

La cocina clásica era una cocina de síntesis y de ósmosis en la cual las salsas, sabiamente construidas a partir de los fondos, tenían como función resaltar el gusto de los alimentos principales; asociarlos y unirlos. La nueva cocina promueve una lógica de yuxtaposición de sabores que se aplica ya sea a la creación de platos nuevos ya a la reintepretación de platos clásicos. Tomemos dos ejemplo. El primero es una creación. Se trata de los *Alones de ave* de Michel Bras. El plato se compone de tres partes: los alones de ave parcialmente deshuesados y salteados con mantequilla; una salsa de queso blanco y una mezcla de

ALAIN CHAPEL
(1937-1990)

En la tradición de la cocina francesa Alain Chapel encarna brillantemente la gran cocina contemporánea de Lyon. Su inmensa reputación se contruyó sobre el rigor, la tierra y el producto. Es un Guardián de la Tradición. Fue en la capital de la buena comida, Lyon, donde nació Alain Chapel el 30 de diciembre de 1937. Murió en Saint Rémy de Provence el 17 de julio de 1990. Su infancia transcurre en el ambiente sabroso y cálido de la *Mère Charles* albergue que dirigían sus padres, Eva y Roger Chapel en Mionnay, en el Ain, entre Lyon y Bourg-en-Bresse. Es una vieja masía de Bresse, típica, robusta, con muros de adobe que el pintor Maurice Utrillo inmortalizó cuando vivía cerca de allí, en el Castillo de Saint-Bernard.

La vocación de Alain Chapel se afirma en este ambiente gourmet, y a los quince años pide dejar el colegio de los lazaristas para iniciar su aprendizaje. Su familia lo confía entonces a un amigo, el père Vignard, instalado en la calle del Arbre-sec, bajo el nombre *Chez Juliette*. El père Vignard era una referencia en aquella zona y todo el mundo iba a consultarle. Al mismo tiempo que Chapel otro joven preparaba allí sus primeras quenelles, Thibard, el futuro chef de *La Pyramide* de Vienne (en casa de Mado Point).

Tras cuatro años de sólida formación (1952 a 1956) Alain Chapel deja a su Maestro para entrar en los fogones de Point. Tiene diecinueve años y se quedará dos más. Tras el servicio militar, trabajará en diferentes grandes casas, como Léon de Lyon, de Jean Pierre Lacombe. En 1968, sucede a su padre en Mionnay.

Toda su carrera está guiada por los valores que le inculcara el talentoso Vignard. Para honrar su memoria, llevará el delantal a la antigua, hasta los tobillos. Y para completar su vestuario lucirá con orgullo la toca de algodón almidonado, rechazando las tocas industriales que se tiran. Este rigor en lo exterior, también se encuentra en la concepción de su cocina: excelencia y respeto por los productos, justa cocción, limpieza impecable...

La base de su cocina viene de la tierra, con una inclinación particular por las verduras. «Hay que respetar las verduras; sólo soy un jardinero de pie, decía, porque no he sido un jardinero inclinado.» Las setas adquieren nobleza en su casa. Casi dos mil kilos de diferentes especies se preparan en su restaurante cada año. Pero cuidado, ningún champiñón de París.

La mantequilla fina y la crema fresca y delicada, los dos emblemas de la cocina lionesa, son omnipresentes para realzar pescados, aves, mollejas, caza... Como media, se utilizan doscientos gramos de mantequilla y dos decilitros de crema, por persona, que doran, envuelven, ligan las preparaciones y exaltan los sabores.

El precio es alto, pero es el precio para convertirse en un cocinero glorioso. Sólo un figonero que cuente puede hacerse rico. Sin tener en cuenta los gramajes, de codificación estricta, Alain Chapel sigue su intuición, sin desnaturalizar la base de sus recetas.

Así se elaboran los incomparables pollitos de Bresse trufados en vejiga, los pastelitos de hígados rubios con coulis de cangrejo, los gratinados, las mousses de pescado... todas las verduras.

Alain Chapel se instala en Dombes. Allí descubre su inspiración y sus tesoros. Sin embargo, pone su talento al servicio de la cocina francesa, y como brillante embajador viajará para cocinar en Japón, en Baviera, en Estocolmo, en Nueva York, en Dallas...

Gracias a su competencia, su calidez humana, su sentido de las relaciones, es amigo de muchas personalidades, diplomáticos, príncipes, literatos, artistas, a quienes da de comer. En su excelente libro *La cocina es mucho más que recetas*, Alain Chapel nos cuenta su filosofía y su amor por el oficio. Muchas distinciones coronan su talento: el título de Mejor Obrero de Francia y la Cruz al Mérito nacional.

Durante toda su carrera, Alain Chapel guarda la nostalgia de Saboya. En cuanto puede, viaja a Arves. Allí es feliz, se recupera, se desembaraza de la presión de su empresa para encontrar su sensibilidad romántica. Luego, vuelve a su cocina para improvisar y sublimar sus platos sin olvidar nunca la tradición.

BERNARD LOISEAU (1951)

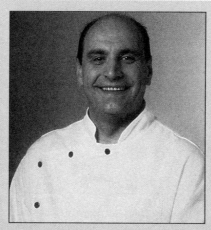

Bernard Loiseau nació en Chamalières el 13 de enero de 1951 en Auvergne. Los estudios no le atraían y a los dieciséis años los deja y empieza primero como aprendiz de pastelería, luego entra en Pierre y Jean Troigros. Al cabo de tres años obtiene su certificado de cocinero encompanía de otro célebre aprendiz, Guy Savoy.

De vuelta del servicio militar, entra en *La Barrière de Clichy*, Claude Verger, su propietario, es un restaurador inteligente. Exige una cocina ligera y original, y así se afianza progresivamente el estilo Loiseau. Las relaciones entre los dos hombres son a veces tumultuosas pero reina la confianza. El año siguiente, Claude Verger instala a Loiseau en un segundo restaurante *La Barrière Poquelin* a dos pasos de la Opéra de París. En 1974, Gault et Millau premian el talento de Loiseau con una apreciación halagadora.

Verger le inicia en las mundanidades parisienses. Comienza a frecuentar periodistas, hombres de negocios, políticos y estrellas de cine. Estos contactos desarrollarán sus dotes de show-man.

En 1975, Verger compra *La Côte d'Or*, en Saulieu, en Borgoña, antiguo templo de la gastronomía del gran Alexandre Dumaine caído en desdicha tras su partida. Confía la dirección a Loiseau. La llegada del joven chef, que sólo tiene 24 años, con ideas y ambiciones bien claras choca a la vieja guardia, que abandonará el barco. Por otra parte, pocos clientes frecuentan el establecimiento adormecido. Pero Loiseau está convencido, trabaja como un enloquecido y desarrolla su concepción de la cocina. Se ocupa del más mínimo detalle y siempre busca la perfección. De su personal, exige rigor, disciplina, pero ésto no exluye la relación amistosa. Así, forma un equipo sólido...para el futuro.

La pureza y la ligereza son su obsesión. Despoja las recetas antiguas de materias grasas, de azúcares, de harinas. Así, en la preparación de las ancas de rana sustituye la tradicional «persillada» mezcla de mantequilla, perejil y ajo por un puré de ajo blanqueado y jugo de perejil.

La búsqueda de los mejores productos regionales es permanente. «Lo mejor, quiero lo mejor» repite incansablemente. Es así también en lo que se refiere a quesos y vinos. Alienta a los productores locales para producir calidad ayudándoles a instalarse o a desarrollarse. Así nace, por ejemplo, el criadero de caracoles de Borgoña. Ese trabajo de titán, incansable, proporciona sus frutos. En 1977, tras dos años en Saulieu, *La Côte d'Or*, recupera su primera estrella Michelin, seguida de la segunda en 1981. En 1982 se convierte en propietario de su empresa.

El reconocimiento de las guías gastronómicas no era suficiente para atraer la clientela a ese sitio perdido del Morvan. Durante el verano de 1990, ayudado y aconsejado por su esposa Dominique se lanza en una serie de reformas: más confort, más ensueño, más lujo pero siempre fiel a la arquitectura tradicional de las casas borgoñonas.

En marzo de 1991 llega la consagración, la tercera estrella y la afluencia. Asistido por su esposa y con la confianza de todo el equipo, puede abandonar a menudo la cocina y entregarse a las necesidades de la comunicación. Loiseau está presente en los programas de televisión y en los estudios de cine. Entusiasta, comunicativo, con su gran sonrisa amplia y honesta, Bernard Loiseau conquista al público.

En Japón, Bernard es consejero culinario para la creación de la *Côte d'Or* en Kobé. Luego, pone en marcha una gama de sopas ´«Las cenas de Oro» para Royco-Unilever. La campaña publicitaria televisada de lanzamiento presentaba a Bernard Loiseau en las horas de gran escucha lo cual refuerza aún su imagen. El éxito comercial es evidentemente más claro en la capital y por eso, abre sucesivamente *Tante Louise* y luego *Tante Marguerite* en París. En diciembre de1998, Bernard Loiseau entra en bolsa en el segundo mercado. Es un triunfo para un independiente.

La publicación, en octubre de 1991, de *L'envolée des saveurs* supone un verdadero éxito. En colaboración con su esposa, dirige crónicas gastronómicas en la prensa de gran difusión.

especias, pan rallado y flor de sal. Instrucciones de uso: se come con la mano, se moja el alón en el queso blanco y luego se pasa por la mezcla de ralladuras. El comensal dosifica él mismo la cantidad de queso y de especias para encontrar el equilibrio gustativo que prefiere. La síntesis gustativa se opera en la boca del comensal y sólo parcialmente es obra del cocinero.

El segundo plato *Jamoncitos de rana con puré de ajo y jugo de perejil* es una reintepretación de los *Ancas de rana a la provenzal*, por Bernard Loiseau. Las ancas se separan unas de otras y parcialmente deshuesadas, salteadas en la sartén, están dispuestas en el centro del plato junto al puré de ajo y el jugo de perejil servidas separadamente. Nuevamente el comensal, regula la mezcla de ajo y perejil según su gusto.

Estos dos ejemplos ponen en evidencia la importancia del papel del comensal en el plato final y en la construcción definitiva del gusto. La influencia de la cocina japonesa es evidente en este caso, en especial el de la gran cocina Kaiseki-ryori que es más una cocina de yuxtaposición que una cocina de síntesis. (1)

---

(1) Naomichi Ishige, 1994, artículos *Nourriture, cuisine* y *Manières de Table* en Berque Augustin, dir. *Dictionaire de la civilisation japonaise*, Paris, Hazan.

La Modernidad Alimentaria

El debate sobre la construcción de Europa en 1993 vio cómo el camembert de leche cruda se convertía en emblema de la nación francesa. Los desbordamientos que acompañan regularmente las negociaciones agrícolas del GATT y los conflictos comerciales entre Estados Unidos y Europa tomaron como chivo expiatorio a los restaurantes Mac Donald's, reactualizando comportamientos sociales –ataques de fast-food, inmolación de banderas americanas- que creíamos desaparecidos de nuestros espacios culturales occidentales. Detrás de esos fenómenos económicos y sociales se advierten los signos, y a veces los síntomas, de una crisis de identidad que encuentra en el ámbito alimentario, maltratado por la industrialización, un espacio de cristalización.

Entre los diferentes conmociones que afectan el comportamiento alimentario occidental, tres son susceptibles de esclarecer el interés que se da al terruño y a las cocinas exóticas: la mundialización de la alimentación, la industrialización del proceso alimentario y la evolución de las prácticas alimentarias cotidianas.

La internacionalización de la alimentación

Las grandes empresas transnacionales agroalimentarias distribuyen, a escala del planeta, Coca-Cola, ketchup, hamburguesas, pizzas... Las políticas de calidad puestas en práctica por el sector industrial tratan de garantizar la constancia de las características organolépticas y microbiológicas, a lo largo de toda la vida del producto, hasta su fecha de caducidad; pero al hacerlo, tienden a estandarizarlos, homogeneizarlos... Los mercados no se analizan a escala nacional. Los alimentos se desplazan de país en país y, durante su vida, que va desde la semilla en las verduras o el nacimiento de los animales, hasta los platos cocinados, pueden haber realizado viajes considerables.

La primera consecuencia de ese formidable progreso en el agro business a nivel de las técnicas de conservación, de acondicionamiento, de transporte, es la reducción considerable de la presión del nido ecológico, para quienes disponen de recursos financieros. Las judías verdes de Senegal, las cerezas de Chile, están presentes en los mercados en pleno mes de diciembre. Las naranjas exprimidas de California llegan a Europa como producto fresco acondicionadas en tetrabrick. El alimento moderno está deslocalizado, es decir, desconectado de su raíz geográfica y de las limitaciones climáticas que se le asocian.

El segundo efecto se traduce en una ampliación del registro de lo comestible. En Francia, por ejemplo, se imponen nuevos productos en pocos años. El aguacate, la piña, el kiwi... conquistaron su notoriedad en menos de quince años. Los departamentos de productos exóticos se desarrollan en la gran distribución y el número de referencias no deja de aumentar. Incluso se ha creado un salón profesional que se llama «ethnic food». La salsa de soja, el nuoc-man, el guacamole, los tacos, están presentes en los supermercados. Lo mismo que platos cocinados como los nems, los cangrejos rellenos, los platos al vapor asiáticos, la moussaka que llegan a nuestras mesas diarias. Nunca, en la historia, un comensal ha tenido tan fácil acceso a tal diversidad alimentaria, como la que se vive actualmente en Occidente. En las secciones y los expositores de los supermercados se exponen miles de referencias.

A los que se inquieten por esta realidad se les recordará que los particularismos nacionales siguen siendo muy fuertes. Un italiano, un español, un alemán y un francés, aunque a veces consumen hamburguesas de Mac Donald's, no tienen costumbres alimenticias homogéneas. Los españoles continúan tomando sus comidas a horas que franceses o ingleses encuentran tardías y disfrutan con el jamón de pata negra del cual son los únicos que conocen el secreto e incluso el gusto. La noción de comida no tiene la misma realidad a escala europea.

La industrialización

Paralelamente a la mundialización que la deslocaliza, la industrialización de la alimentación cotidiana corta los lazos entre el alimento y la naturaleza. Como interviene en las funciones sociales de la cocina, prolonga la desconexión del comensal con su universo bio-cultural. Distinguamos dos vertientes en ese fenómeno: la industrialización de la producción y la de la transformación.

Industrialización de la producción

La producción animal es particularmente significativa de la modernidad alimentaria. Concebida sobre un modelo taylorizado, ahí donde se rechaza profundamente ese modelo en la esfera de la organización de las actividades productivas humanas, contribuye a una cosificación del animal destinado a la alimentación.

Reducida al rango de materia prima, la carne se encuentra «desanimalizada» y desvitalizada. De manera compensatoria, el animal que vive en estado natural se personifica. Roba el primer plano a las estrellas de cine, y es el animal quien nos da lecciones de ética natural, como en la película *El Oso* de Jean-Jacques Annaud, estamos lejos de las fábulas de La Fontaine donde los animales personifican figuras humanas. El animal de compañía se beneficia también de esta personificación y se convierte en objeto de atenciones exorbitantes. El mercado alimentario animal explota literalmente y los especialistas de marketing analizan, con gran seriedad, el «estilo de vida» de perros y gatos.

Lo que podría parecer a primera vista como la prolongación del fenómeno de rechazo de la corporalidad y del espectáculo de la carne muerta, identificado por Norbert

Elias (1) como el motor del «proceso de civilización»; es sin duda más fundamentalmente el signo de una desacralización de la alimentación y de la dificultad de administrar el asesinato alimentario. Traduce una perturbación en la percepción del puesto del hombre moderno en la naturaleza y en el orden de las especies animales, entre las cuales la crisis de la «vaca loca» es reveladora.

La industrialización de la transformación:

El cambio de la valorización social de las actividades domésticas lleva a las industrias agroalimentarias a invadir el espacio de auto-producción que representaba la cocina familiar. Proponiendo productos cada vez más cercanos al consumo, la industria invade la función socializadora de la cocina, sin llegar, sin embargo, a asumirla completamente. Al actuar así, el consumidor percibe el alimento como falto de identidad, de calidad simbólica, anónimo, sin alma, procedente de un «no-lugar industrial», en una palabra, un alimento desocializado. La incorporación que ya es un acto de cierta gravedad, porque responde a necesidades al mismo tiempo vitales y simbólicas, se acompaña, de una profunda ansiedad cuando se trata de un producto industrial sin identidad. Se apela entonces a sociólogos y publicistas para tratar de frenar el fenómeno. Las respuestas pasan, la mayoría de las veces, por un arraigamiento afectivo, rural o cultural del producto. Las cocinas del terruño y la cocina tradicional por oposición, se viven por parte de los consumidores de modo positivo. Para eso se utilizan imágenes afectivas y nombres evocadores (confitura *Bonne Maman*, *Tartelière*, etc) que arraigan con el terruño o coquetean con la memoria de nuestras vacaciones campesinas. Todo sobre un escenario de transmisión entre generaciones de los valores o la manera de hacer las cosas.

De la «gastro-anomía»

Consecuencia de fenómenos socioeconómicos tan diversos como el trabajo femenino, la práctica de la jornada continua, el modo de urbanización de las grandes ciudades, o la baja relativa de la parte de los presupuestos familiares consagrada a la alimentación en beneficio de las actividades de ocio, el comportamiento alimentario de los occidentales conoce profundas mutaciones cualitativas (2) cuyas principales características serían:

(1) Este autor interpreta la desaparición progresiva del corte de las carnes en la mesa por el gentilhombre a partir del siglo XVII, hasta la agujita de pato que no necesita el uso del cuchillo, como un "proceso de civilización" creciente que, debido a un desplazamiento del umbral de sensibilidad, provocaría que los hombres liberasen lo que sienten en su fuero interno como naturaleza animal. Norbert Elias, 1973, *La civilisation des mœurs*, Calmann-Levy, pag. 194 a 199.
(2) Jean-Pierre Poulain. *Mutations et modes alimentaires*. Autrement nº 172.

•La simplificación de la comida tradicional. La comida clásica que estaba organizada en entrada, plato con guarnición, queso, postre y café se reemplaza cada vez más por combinaciones simplificadas (entrada, y plato de resistencia o plato de resistencia y postre o incluso entrada y postre).

En las poblaciones de activos urbanizados la comida estructurada completa sólo representa el 50% de las comidas de mediodía y menos del 40 % de las cenas.

•El aumento del número de tomas alimentarias cotidianas: entre las comidas organizadas y clasificadas con nombres precisos por los comensales (desayuno, comida, cena) se deslizan tomas alimentarias más o menos institucionalizadas. Es el reino de los tentempiés, «crackers», barritas energéticas y otras variedades de galletas.
•La disminución del grupo; la importancia del individualismo, la reducción de la presión de la estructura familiar operan si no una desritualización al menos una transformación de los ritos de la alimención cotidiana.
•El éxito considerable de la agronomía ha llevado al mundo occidental de un universo de comida escasa a un mundo de superabundancia. Al mismo tiempo, el derecho al alimento se afirma como algo tan fundamental como el derecho a la salud y a la estética corporal que, a su vez, se convierte en una forma de distinción.

Esas transformaciones crean un contexto alimentario cotidiano ansiogénico que Claude Fishler califica de gastro-anomía. La anomía es una noción sociológica que da cuenta de la pérdida de legitimidad de un conjunto de reglas sociales. La modernidad alimentaria se caracterizaría por un debilitamiento del aparato normativo de la gastronomía. «En esta brecha de la anomía proliferan las presiones múltiples y contradictorias que se ejercen sobre el comensal moderno: publicidad, sugestiones y prescripciones diversas y sobre todo, cada vez más, advertencias médicas. La libertad anómica es también una molestia ansiosa, y esta ansiedad determina a su vez condiciones alimentarias aberrantes.» (1)
Todo esto sucede como si las mutaciones sociales contemporáneas y la industrialización de la cadena alimentaria pertubaran los reguladores tradicionales de tipo comensal. Como si el comensal moderno enfrentado a un universo de superabundancia, y a formas donde los valores del individuo se afirman de manera cada vez más importante, se encontrara proyectado en la anomía y tuviera que construirse una nueva cultura alimentaria, capaz de deshacer la angustia de la incorporación, una nueva «gastro-nomía».
Un alimento es un producto fundamentalmente ansiógeno, que aporta la vida pero, también puede envenenar. Las mutaciones de las prácticas de consumo, las nuevas tecnologías aplicadas a la alimentación y la mundialización de la economía acentúan más aún esta dimensión angustiante. Las relaciones que se establecen entre un comensal y las per-

(1) Claude Fischler, 1979. *Gastro-nomie, gastro-anomie: sagesse du corps et crise bio-culturelle de l'alimentation moderne*, en Revue *Communication*, nº 131, Seuil, pag. 206. Ver igualmente, Jean Pierre Corbeau, *L'imaginaire du gras associé à divers types de consommation de gras et les perceptions de leurs qualités*, en F. Nicolais y E. Vasceschini, 1995. *Agro-alimentaire: une économie de la qualité*, INRA-Economica, et Claude Rivière, 1995, *Les rites profanes*, PUF.

sonas reales que tienen a su cargo la preparación de sus comidas (la madre, el cocinero, el industrial o más ampliamente los actores de la cadena alimentaria) se inscriben en procesos lógicos de confianza muy poderosos. Porque comer lo cocinado por otro, es confiar en él. La fantasía del envenenamiento, desde la manzana de la bruja de Blanca Nieves, hasta las legítimas inquietudes que provocan las recientes crisis alimentarias, son omnipresentes en nuestro imaginario alimenticio. El desarrollo de las políticas de calidad, la puesta en marcha del método HACCP o los procedimientos de certificación ISO –si se quiere perfectamente indispensables- no bastarán para construir esa confianza necesaria hasta que no se amplíe la noción de calidad a las dimensiones simbólicas y culturales de la alimentación. Cocinar es, para empezar, transformar un producto más o menos inquietante en alimento incorporable seguro, y luego preparar un plato dándole sentido en el interior de una cultura.

No habrá guerra entre el terruño y lo exótico

En los años 90, se abrió un debate en la gastronomía francesa entre dos tendencias artificialmente opuestas: por un lado la cocina francesa tradicional (que incluía la gran tradición gastronómica y las tradiciones regionales) y por otro los partidarios de una cocina internacional abierta al mestizaje que algunos periodistas llamarán la *world cuisine* y cuyo más brillante defensor fue Alain Ducasse.

La primera se presenta como defensora del arte culinario francés que sería objeto a la vez de los ataques de la industria agroalimentaria controlada por las grandes empresas internacionales de origen americano y reprochan a los segundos liquidar el patrimonio gastronómico francés tanto clásico como regional. Estos a su vez, recuerdan que la cocina francesa se ha construido a partir de múltiples influencias y que siempre pidió prestado durante toda su historia sin perder por ello su identidad.

Este enfrentamiento debería situarse en el contexto de la modernidad alimentaria. El interés contemporáneo por las cocinas del terruño o cocinas «étnicas» expresa la nostalgia de un «espacio social» donde el comensal vivía supuestamente sin angustias, al abrigo de una cultura culinaria claramente identificada e identificante.

La sobrevaloración de la tradición, del terruño y de los productos «auténticos» se opone a las angustias ligadas al desarrollo de la industrialización alimentaria, y a los riesgos de disolución de identidades locales y nacionales en la mundialización o en el interior de espacios más amplios como Europa.

Este fenómeno se internacionaliza y hoy en el conjunto de los países occidentales se da un interés por los patrimonios gastronómicos locales. Con una urgencia que recuerda el frenesí de las recesiones etnográficas de culturas en vías de desaparición en los años sesenta, los ministerios de agricultura y de cultura lanzaron, en 1990, un vasto inventario del patrimonio gastronómico francés (1). Recientemente este programa se ha ampliado a toda Europa.

Sin embargo, en el discurso espontáneo del consumidor pero también en de los actores de la restauración o del turismo, el terruño o las cocinas locales se plantean como un universo tradicional, en el sentido ingenuo del término (2). Es decir: estable, fundado en una tradición inmutable en oposición a las transformaciones y a los ciclos de moda de la economía de mercado y auténtico en oposición a lo artificial de los medios urbanizados donde lo fabricado triunfa frente a lo natural. En este espacio auténtico los productos y

---

(1) Misión confiada al CNAC (Conseil national des Arts Culinaires) y cuyos trabajos son publicados por las ediciones Albin Michel en una serie titulada *Inventaire du patrimoine culinaire de la France.*
(2) Jean Cuisenier propone su decodificación en *La tradition populaire,* 1995, PUF.

ALAIN DUCASSE
(1956)

Indiscutiblemente, Alain Ducasse es el líder, el modelo de una nueva generación de chefs de cocina, a la vez cocineros, empresarios hábiles y gerentes diestros.

Desde su nacimiento, el 13 de septiembre de 1956, vive inmerso en un ambiente de productos del terruño, en casa de sus padres, criadores-productores en Castelsarrasin, en Tarn y Garonne.

Su vocación de cocinero se instala rapidamente. A los 16 años, entra como aprendiz en el *Pavillon Landais* en Soustons, en las Landas. La escuela hotelera de Burdeos completará su iniciación. En 1975, entra con Michel Guerard, en *Aux Prés d'Eugénie*, en Eugénie les Bains (Landas), como ayudante de cocina. Elegancia y refinamiento impregnarán al joven cocinero durante dos años. Cuando cierran en invierno, viaja a Paris, para formarse en pastelería con Gaston Lenôtre. En el verano de 1977, asume el puesto de jefe de partida en casa de Roger Vergé, en el *Moulin de Mougins* (Costa Azul). Junto con la cocina del sol, asimila el profesionalismo y las bases clásicas.

Pasa luego por Mionnay, cerca de Lyon, en casa de Chapel. Durante dos años, participará en todas las

brigadas. Más allá de los métodos clásicos del maestro Chapel, éste le inculca un mensaje básico el rigor en la elección y en la preparación de los productos así como la prioridad a la intuición. En el verano de 1980 Roger Vergé le confía el puesto de chef de cocina en el *L'Amandier de Mougins*. Luego se instala a la cabeza de una brigada en *La Terrasse*, del *Hôtel Juana*, en Juan-les-Pins. Concibe el local, instala nuevos equipos su talento sale a la luz y llegan dos estrellas Michelin en 1986.

En mayo de 1987, Alain Ducasse decide aceptar un desafío: dinamizar el restaurante *Luis XV* del Hôtel de Paris, en Montecarlo, rompe, renueva, reequipa y se encuentra al frente de una brigada de setenta empleados. Su estilo se afirma, su personalidad se impone. Tres años más tarde, la tercera estrella Michelin corona la obra realizada.

Durante el año l995, un seísmo sacude el microcosmos de la gastronomía parisiense. El maestro Joël Robuchon, colgará su delantal a finales de año. ¿Quién le sucederá en el número 59 de la avenida Raymond Poincaré? ¿Quién podría asumir el desafío? Alain Ducasse se compromete, triunfa y, supremo reconocimiento, recupera la tercera estrella que la Michelin le había retirado cuando marchó Robuchon, en marzo del 98. ¿Cuál será la próxima etapa? Entre tanto, para confortar su autenticidad, Ducasse crea la *Auberge des Moustiers*, en los Alpes de Haute-Provence.

Este éxito profesional rápido, testimonia de un dominio de las técnicas marcado por la sensibilidad, pero también por un gran carisma. Alain Ducasse se complace en presentar sus reflexiones sobre la cocina a la manera de Brillat Savarin, con aforismos. Así, cuando presenta el oficio...«arte efímero, la cocina es un trabajo de cada día, donde la repetición es una cualidad (el dominio) y un riesgo (la rutina)». El fundamento de su cocina es el producto. Consagra mucho tiempo a la búsqueda de lo mejor. Pescadores, ganaderos, cultivadores...no sólo son proveedores sino también cómplices. Conocen las exigencias del chef, han visto y probado sus realizaciones. Es una verdadera red, base de una «búsqueda de la calidad» moderna. La búsqueda del poder sabórico es permanente. Se encuentra a la vez en el equilibrio entre el jugo del ingrediente cortado, nervioso, largo en boca, pero del cual debe respetarse y definirse el papel. La cocina inicial de Alain Ducasse es una cocina latina soleada, mediterránea que vive en ósmosis con las reminicencias de Lyon (tuétano) y de las Landas (foie-gras)...En París, su cocina se apoyará en una paleta ampliada con respecto a las provincias. El aceite de oliva se hace más discreto y se invita a la mantequilla y a la crema. Ducasse piensa la creatividad como la emulación de un equipo. Su concepción del Chef: «saber-hacer, hacer-hacer y hacer-saber». Como Napoleón Bonaparte, que revolucionó las tácticas militares académicas, rodeado de jóvenes mariscales ambiciosos y entusiastas, Alain Ducasse ha creado una escuela, a base de rigor, innovación y movimiento.

El arte de comunicar es importante para este empresario apresurado. Aunque delega al máximo, Ducasse está presente siempre que un acontecimiento lo requiere... recibe a la prensa, acoge a las personalidades que se anuncian en alguno de sus restaurantes... administra con eficiencia su tiempo y toda la red. Sus obras igualmente ilustradas y comentadas permiten penetrar en la intimidad profesional del chef. Son recetas pero también se percibe el ambiente, la pasión compartida. Se pueden citar *La riviera d'Alain Ducasse* (1992), *Méditerranée, cuisine de l'essentiel* (1996) y *L'Atelier d'Alain Ducasse* (1998).

Consejero culinario, Alain Ducasse intervino en la apertura de nuevos conceptos de restauración: *Spoon food and wine*, en Paris, *Le Bar & Boeuf* en Montecarlo. En febrero de 1999, lanza un nuevo challenge: la presidencia de la cadena hotelera *Chateaux et Hôtels de France* que reagrupa casi 500 independientes.

Contrariamente a una exigencia tradicional, Alain Ducasse demuestra que se puede mantener la perfección confiando en los demás y en sí mismo. ¿Hasta dónde llegará la innovación de nuestra estrella mundial?. Hoy, sirviendo a la cocina francesa con fidelidad, Alain Ducasse participa eminentemente de su esplendor y su renovación.

las prácticas reposarían sobre valores de uso y no en lógicas de distinción. De la demanda del consumidor emerge una visión paradisíaca de la ruralidad y de la alteridad, llevada al rango de universo antropológico de armonía de los hombres entre ellos y con la naturaleza.

Restituir las tradiciones regionales en la gastronomía francesa

La gastronomía aristocrática del Antiguo Régimen se caracteriza por el distanciamiento con respecto a la necesidad. La nobleza afirma su estatus social por el consumo de productos caros y lejanos (las especias por ejemplo) y al hacerlo se opone a las prácticas alimentarias populares sometidas a la presión del nido ecológico. Debido al centralismo político y la instalación de la corte en Versalles que arrastra una gran parte de la aristocracia provincial a la capital, la gastronomía francesa se funda en el rechazo de las prácticas regionales o populares. Toda referencia a una región en las denominaciones culinarias se hace, como máximo, para indicar el origen del producto. Las regiones no tienen interés más que por los productos que ofrecen. Prueba de ello es esta sentencia de Grimod de la Reynière: «La más amable galantería que los provincianos pueden hacernos (a los parisinos) es sin duda una caja de ostras cuyo flete ya ha sido pagado.» (1) La buena cocina sólo puede hacerse en París.

Aunque la cocina burguesa puede parecer marcada por su inscripción regional sigue dependiendo del modelo aristocrático que no cesa de copiar. Esta actitud, como hemos visto antes, se puede leer en los libros de cocina, desde el final del siglo XVII. La burguesía provincial tiene el gusto pendiente de

---

(1) Alexandre Grimod de la Reynière, 1802. *Almanach des gourmands*, en *Ecrits Gastronomiques* 10/18, 1978, pág. 231.

las prácticas aristocráticas parisinas. Unicamente las prácticas campesinas, sujetas a la necesidad, tienen una firma regional.

La departamentalización revolucionaria de 1793 desmantela las provincias de la época anterior. Aparece entonces, un primer movimiento de regionalismo de la mesa. Las tradiciones alimentarias, en su función emblemática, se convierten en plaza de resistencia cultural. El félibrige, (1) y más tarde, las diferentes corrientes folkloristas, verán en ellas uno de los pilares fundamentales de la identidad regional, al mismo título que la lengua o que las prácticas vestimentarias. Hecho muy importante, cuando los pioneros del félibrige (Mistral, Roumanille, Aubanel...) fundan su revista militante, eligen como título *L'aïolli*. En 1923, Austin de Croze intentará un inventario gastronómico de las provincias francesas. Poco a poco, el análisis de los particularismos alimentarios regionales hará aparecer matices más finos, que los especialistas llamarán cocinas de país y que nos llevan a un conjunto geográfico y cultural de la región y sus departamentos.

Una aproximación sociológica, histórica, antropológica de las cocinas regionales hace volar en pedazos esta concepción folklorista ingenua. Los grandes platos emblemáticos de nuestras cocinas llamadas «del terruño» por ejemplo, utilizan en su mayoría productos originarios del nuevo mundo que se instalaron en un «nido culinario» ya preparado antes de su introducción, es decir, técnicas de preparación y sistemas de consumo construidos sobre productos autóctonos. Es el caso del *cassoulet tolosano*, (2) del *millas del Languedoc*, de la *ratatouille provenzal* (3), de las *gachas de maíz del Franc Comté*, del *gratin dauphinois*, de las *farcedures del Limousin* (4)...

La vitalidad de una cocina se caracteriza por su capacidad para integrar productos nuevos e influencias tratándolas a su manera, «a su salsa», nos gustaría decir. En la adaptación a las mutaciones ecológicas (presión del biotipo, introducción de nuevos productos), socioeconómicos (evoluciones de las técnicas de producciones agrícolas, de transformación, de conservación...) y culturales (cambio de los imaginarios sociales, sistemas de valores, papel social ...) se expresa la originalidad de una cultura culinaria.

Lo exótico es lo cotidiano de los otros

El interés por las cocinas extranjeras no es una novedad en la gastronomía francesa. En el siglo XIX, Dubois y Bernard habían redactado una obra magnífica llamada *La cocina de todos los países*. Su perspectiva era un poco etnocéntrica y no dudan en repensar la cocina de los otros países a partir de la cocina francesa. Lo que diferencia la actitud de los coci-

---

(1) N.de la T.: Félibrige, Escuela literaria constituida en la Provence, a mitad del siglo XIX, para el mantenimiento y la epuración de la lengua provenzal y de otros dialectos occitanos y por el renacimiento de una literatura del Mediodía francés.
(2) Jean Pierre Poulain, 1996. *Le cassoulet, histoire d'un plat* en *Inventaire culinaire de Midi-Pyrenées*, CNAC, Albin Michel.
(3) Jean Pierre Poulain y Jean Luc Rouyer, 1987: *Histoire et recettes de la Provence et du Comté de Nice*. Privat.
(4) Jean Pierre Poulain , 1984. *Le Limousin Gourmand*. Privat.

neros contemporáneos de la de sus predecesores es que dejan de considerar a las otras cocinas como «sub-culturas» que hay que retocar, y ven en ellas nuevas fuentes de inspiración.

El gusto por el exotismo alimentario es sin duda uno de los efectos positivos de la mundialización y debe ser restituido en el desarrollo del turismo internacional. Cada vez se viaja más. La bajada de las tarifas aéreas ha abierto nuevos horizontes. Frente a España e Italia, grandes destinos tradicionales para los franceses, se han añadido Túnez y Marruecos, el Extremo Oriente con Tailandia, Malasia, Vietnam o América del sur...

La comida transforma al turista: de espectador se convierte en actor; le permite un encuentro íntimo con otra cultura en lo que ésta tiene de más concreto y sabroso. «Las consumiciones alimentarias presentan una particularidad esencial: son físicamente y literalmente incorporadas. Es sin duda, esta intimidad última de la incorporación quien da a las consumiciones orales una importancia simbólica muy particular, que contribuye a hacer del alimento una máquina de viajar en el espacio social y en el imaginario.» (1)

Se viaja cada vez más también desde el sillón... frente a la televisión. Los reportajes de carácter cultural y etnológicos se multiplican en las emisiones especializadas: *Faut pas rever*, *Ushuaïa*, *Thalassa*... incluso en la retransmisiones deportivas: desde el Paris-Dakar, hasta el campeonato del mundo de atletismo o de fútbol. Una atleta australiana es excusa para hacer descubrir al teleespectador la cultura aborígen; otro, originario de Nueva Caledonia, la cultura de los canacos.

Conclusión: La cocina es mucho más que recetas

Se evitará la trampa de la búsqueda de la «receta verdadera» que fijaría una ortodoxia culinaria. Ese proyecto vano de sectarismos regionales esteriliza las gastronomías regionales momificando platos en recetas inmutables. Mientras que, contrariamente a los secretos de la tradición oral, tienen como función acoger las variaciones individuales y permitir al cocinero o a la cocinera firmar su obra, marcar con ella, la época o el lugar. Parodiando a Claude Lévy-Strauss, diremos que «una receta es la suma de sus variantes». A partir de ahí, dejan de leerse como «desviaciones» y se convierten en «versiones» cuya función podría ser marcar, en una dialéctica integración-diferenciación, los matices geográficos, sociales o familiares.

Porque la cocina y las artes de la mesa son escenografías concretas de los valores fundamentales de una sociedad y de una época, la comida permite un encuentro íntimo con otra cultura en lo que ésta tiene de más concreto y más sabroso, jugando con la confusión etimológica del sabor y el saber. Siempre que se la aparte de una lectura mistificado-

---

(1) Claude Fischler, 1990. *L'Homnivore*, Odile Jacob..

ra de las cocinas regionales y exóticas que, en una actitud regresiva e infantil, se cierra simultáneamente al otro y al futuro; la gastronomía contemporánea participa de la re-apropiación de nuestra historia alimentaria, de sus componentes sociales y culturales y de la apertura hacia las otras culturas.

El hombre no se nutre de nutrimientos (proteínas, glúcidos, lípidos, sales minerales, vitaminas...) sino de platos cocinados, consumidos según procedimientos socialmente definidos y que condensan sentido, pero también símbolos, signos y mitos. El acto culinario no podría reducirse a sus dimensiones tecnológicas. Cocinar es construir, arquitecturar, en el más fuerte sentido de la palabra, un producto alimentario tanto en sus dimensiones objetivas, culturales como estéticas. Más que nunca, los cocineros tienen en sus manos el futuro de la ciudad.

Pequeño Diccionario Histórico de las Denominaciones Culinarias

A

ABRICOTS CONDÉ
ALBARICOQUES CONDÉ

La receta de los albaricoques Condé aparece por primera vez en *La cuisine simplifié* de Robert, en 1845.

El autor, famoso cocinero, creó el restaurante del *Hotel Oigny* en París, antes de convertirse en inspector del príncipe de Murat en el Elíseo. Trabajó también con Carême.

Philéas Gilbert nos precisa, según una información recibida cuando era aprendiz con el chef Durand, el origen de la creación de las *Frutas Condé*. En el menú de una cena, figuraban unas croquetas de arroz, seguidas de una compota de albaricoques. El maître d'hôtel, por error, sirvió los dos postres, al mismo tiempo. La asociación tuvo gran éxito y la receta quedó inventada.

Esto sucedió en casa de los Condé y de allí viene el nombre. El autor fue seguramente el chef Feuillet.

AMERICAINE
AMERICANA

El término «armoricana» (Armor en Bretaña) se utiliza con frecuencia porque Bretaña es uno de los mejores productores de crustáceos. Sin embargo, la denominación «americana» es más exacta.

Se admite que la receta fue obra de un cocinero de Sète, Pierre Fraysse. Tras una temporada en Estados Unidos, se instaló en París, hacia 1854, en el Passage des Princes. Como estaba de moda lo inglés, llamó *Peter's* a su restaurante y el *bogavante à la bordelaise* se americanizó.

En la carta de Constant Guillot, chef del restaurante *Bonnefoy* (1853-1870) ya se encuentra un *bogavante a la americana*.

Jules Gouffé, chef del *Jockey Club* (1867) recoge esta denominación en el *Diccionario de la Cocina* de Alexandre Dumas.

ANNA

Adolphe Dugléré, chef del *Café Anglais* de París, creó esas deliciosas tortas de patatas laminadas, como un homenaje a Anna Deslions, una célebre mujer galante del siglo XIX. Junto a otras «galantes» famosas, que entonces se llamaban «leonas», como Cora Pearl, Céleste Mogador, Blanche d'Artigny, Anna Deslions animaba los salones particulares de los restaurantes parisienses de la *Belle Epoque*.

B

BABA

Stanislas Leczinski, rey de Polonia, se retiró a Lorraine, hacia 1720. Las artes de la mesa ocupaban gran parte de su tiempo y le encantaba especialmente preparar el *Kouglof*. Todas esas pastas levadas vienen de Polonia o de Austria. En busca de novedades, un día, espolvoreó su pastel a la salida del horno con azúcar, lo humedeció con ron y lo flameó a la manera de un plum-pudding. Maravillado por el resultado, le dio el nombre de *Alí-Baba*, en recuerdo de las *Mil y una noches*.

Algunos años después, Sthorer, pastelero de Luneville, se instaló en la calle Montorgueil de Paris y perfeccionó el *Alí-Babá* humedeciéndolo con almíbar perfumado. Esta especialidad le proporcionó un éxito inmediato. Más tarde, la denominación, un poco ingrata, se convirtió en *Baba*.

BARRY, DU

La condesa du Barry nació en Vaucouleurs en 1743, y fue la última favorita del rey Luis XV. De gran belleza, tenía una piel blanca y voluptuosa.

Por analogía numerosas recetas de platos blancos, especialmente los de coliflor, llevan su nombre.

La condesa recibía al rey en su castillo de Louveciennes, donde para obtener la máxima discreción, había hecho instalar por el arquitecto Ledoux, una mesa que, accionada por un dispositivo, subía y bajaba directamente a la cocina.

BÉARNAISE

La salsa béarnaise (1) no tiene ninguna relación con la cocina de esta región del Sudoeste, reino de los confitados y *garbures*.

Esta receta es antigua porque figura ya en un manual del siglo XVI, sin referencia de lugar.

Se admite generalmente que la relación se debería a un triple origen:

1. Habría sido concebida por un cocinero de origen bearnés.
2. Sería la especialidad del restaurante *Le Pavillon Henri IV* en Saint-Germain-en-Laye.
3. El nombre antiguo de ese restaurante habría sido: *Le Bearnais*.

BÉCHAMEL

Se atribuye generalmente la creación de esta famosa salsa al marqués de Béchamel. Parece más probable que el inventor fuera el cocinero de su hijo.

Una gran fortuna, adquirida durante la Fronda (1648-1652) permite a Luis de Béchamel (otras ortografías: Béchamelle, Béchameil) comprar el cargo de Maître d'Hôtel de Monsieur, hermano del rey Luis XIV. Apreciado por sus servicios, lo nombran Marqués de Nointel. Pero su arrivismo le atrae numerosas antipatías. Así, el duque de Grammont, le da un puntapié en el trasero, en el Palais Royal, y luego se excusa, diciendo haberse confundido.

Su hijo se casó con Valentine de Valmont y juntos dedicaron su vida a la buena comida. Valentine murió tras una cena de bodas (de oro) demasiado opípara. A los 90 años, el marqués de Béchamel junior se reunió con ella para continuar sus cenas allá en la Eternidad.

BELLE MEUNIÈRE

El lenguado *belle meunière* es una creación de Marie Quinton, llamada la «bella molinera» por la gracia de su mirada y de su sonrisa. La receta original era un lenguado al plato con guarnición de champiñones laminados y de duxelles cruda, espolvoreado con pan rallado y mantequilla, y cocido lentamente al horno.

Ella era la propietaria en Royat, su ciudad natal, del restaurante *Les Marroniers*. Uno de sus clientes famosos era el general Boulanger, afectado al cuartel de Clermont-Ferrand, tras su desgracia.

Tras su retiro, en 1888, la *Belle Meunière* viaja a París donde abre un restaurante en la Chaussée d'Antin. El éxito fue inmediato, sobre todo a causa de una parte de la carta reservada a los platos de Auvernia. Siempre dinámica, Marie Quinton, viajó en 1901, a Niza donde abrió otro restaurante "La Belle Meunière", con el chef Luccini en los fogones. Tras el cierre, termina su carrera activa en su Royat natal.

---

(1) Nota de la T.: se trata de una salsa a base de huevos y mantequilla derretida

BIJOU

Los *Bijoux* constituyen una fuente de ganancia importante para los pinches de cocina en los años 1860. En un rincón del mercado de Halles parisino, los vendedores de carnes cocidas, llamados *Bijoutiers*, proponían los restos de las mesas de restaurantes o de casas burguesas. Cada mañana, muy temprano, el *Joyero* se daba una vuelta por las grandes cocinas. Luego, en el mercado, escogía y componía platos abigarrados, de donde les viene el nombre de Arlequines. El término, abreviado, Arlos, sigue designando en las cocinas los restos o lo no vendido. Este comercio está estrechamente controlado por los servicios de policía.

El precio del plato variaba de acuerdo al contenido. Finalmente, las piezas poco presentables, llamadas *Hullas* se vendían a precio muy bajo.

BISCUITS A LA CUILLÈRE
BIZCOCHOS DE SOLETILLA

Los bizcochos deben su nombre a la manera en que se les moldeaba. En 1540, estas galletas llegan a Francia, gracias a los pasteleros de Catalina de Médicis.

Hacia 1811, Carême, que provee al príncipe de Talleyrand en pastelerías, recibe una petición de su parte. Más que consumir café, muy a la moda entonces, el diplomático se distingue por beber un vaso de Madera, acompañado con un bizcocho. La forma alargada que tienen los bizcochos en aquella época, hace que sea poco práctico y elegante humedecerlos en el vino y desea que Carême solucione la cuestión.

Desde hacía poco tiempo, en Burdeos, se utilizaba un cornete para decorar los postres. Carême utiliza esta manga para moldear los pasteles. Esta nueva presentación fascina a Talleyrand.

Lasnes perfeccionará el sistema, con la invención de un embudo, pero en 1846, la manga con diversas salidas aporta finalmente la solución racional.

BÛCHE DE NOËL
TRONCO DE NAVIDAD

El tronco de Navidad habría sido creado por el chef pastelero Antoine Caradot, en 1879, en la pastelería Sanson, de la calle de Buci, en París. Cuando se creó, el tronco era un bizcocho realizado con moldes especiales y decorado con crema de mantequilla. El bizcocho enrollado aportará luego una variante, lo mismo que la crema de castañas, la Chantilly, la mousse de chocolate que diversifican las presentaciones. El tronco helado es la versión moderna.

Este pastel reemplazaba el tronco tradicional, difícil de encontrar en París y que los provincianos echaban de menos. Efectivamente, según la costumbre, el tronco ahuecado, escondía las golosinas y sorpresas para la fiesta antes de terminar en la chimenea. Cada región tenía sus ritos. De manera general, encender el tronco constituía una ceremonia en sí misma. La madera debía elegirse con cuidado para obtener una combustión ideal, sino los augurios eran malos.

Antes de encenderlo, la abuela bendecía el tronco que se regaba con vino o aceite o se espolvoreaba con sal. Una vez encendido el tronco, con un tizon de la navidad anterior, se alejaba a los niños para poner juguetes y caramelos...

Tras su combustión, se recogían los tizones, se escondían entre la ropa para proteger la casa de la tormenta y el fuego y la pareja de las peleas.

C

CAROLINES

A comienzos del siglo XIX, el maestro pastelero Coquelin está instalado en París en la calle

Jean-Jacques Rousseau. Excelente profesional dotado de un gran sentido de la creatividad, se hace famoso por sus múltiples novedades. Nuestro pastelero también gusta de los cambios en su vida afectiva y sus conquistas son numerosas. Para agasajar a una de ellas, la Belle Otero, bailarina española que enloquece a los comensales de *Chez Maxim's*, el galante pastelero bautiza con su nombre, Caroline, los pequeños pasteles rellenos de crema que acaba de crear.

CHAMBORD

Esta denominación específica a la carpa ha hecho correr mucha tinta en las rúbricas culinarias. Hay que reconocer que las expresiones «mechar una carpa con tocino» o «clavar trufas en la carpa», merecen algunas aclaraciones. De la misma manera ¿se pone en vino blanco o tinto? La polémica sigue en pie.

Sin embargo, la etimología es unánime. La receta se creó hacia 1530, en el Castillo de Chambord, para una recepción fastuosa encargada por Francisco I. La magnificencia del castillo exigía una guarnición rica y abundante: mollejas de ternera, crestas y riñones de gallo... Carême, en la *Carpa a la Chambord moderna* dio a la receta una armonía más contemporánea.

CHAMPEAUX

Si esta denominación se refiere al mercado de París, creado en 1179 en el centro de la ciudad, llamado aún *Petits Champs*, su origen está en el restaurante *Champeaux*.

Este establecimiento, situado cerca de la Bolsa, conoció en 1834 un gran éxito popular. Servía buena cocina burguesa. Progresivamente, gracias al cocinero Catelain que creó el *Pollo Champeaux*, la alta gastronomía entró al restaurante. También pasará por allí el gran Marguery y más tarde, Pelleprat, autor de numerosas obras clásicas.

CHANTILLY

La creación de esta crema sublime se atribuye, por lo general, a Vatel. Pero ya los pasteleros de Catalina de Médicis (1519-1589) batían la crema con ramas de retama.

Fue durante una recepción que dio Fouquet en honor de Luis XIV en el castilllo de Vaux-Praslin, cuando Vatel dio a conocer esta deliciosa crema batida. Entonces se la montaba con ramitas de boj o de mimbre.

Algunos años después, tras el exilio en Inglaterra y Bélgica Vatel entró al servicio de los Condé en el Castillo de Chantilly, donde moriría diez años más tarde.

CHARLOTTE

La Charlotte es un postre antiguo, muy popular en Gran Bretaña. La composición es la de nuestra Charlotte con manzanas: un molde tapizado con rebanadas de pan de miga, relleno con una espesa compota de manzanas, aromatizadas con canela y cáscara de limón.

El nombre se debió elegir para honrar a la reina Charlotte, esposa del rey Jorge III.

La forma de este pastel gustó a Antonin Carême, ya que se integraba perfectamente en su concepción de los bufetes simétricos. Sin embargo, la composición le parece demasiado pesada y reemplaza el pan por bizcochos de soletilla y la compota por un bavarois.

La Charlotte a la parisina se convertirá en Charlotte a la rusa a causa de la moda.

Una anécdota quizás pérfida, cuenta que en su primera presentación, la Charlotte parisina fue tan tímida que se desvaneció (por falta de gelatina).

CHATEAUBRIAND(T)

Una etimología fantasiosa liga este nombre a la ciudad de Charteaubriant, debido a la producción bovina local.

Pero fue para homenajear a su maestro, el escritor Chateaubriand que el cocinero Montmireil creó esta deliciosa carne a la parrilla. Tras unos años difíciles, a causa de sus malas relaciones con Napoleón, el retorno de Luis XVIII reinstaló a Chateaubriand en su dignidad de Par de Francia, lo que le permitió volver a su vida acomodada.

Los delgados trozos de carne a la parrilla de los períodos difíciles se convirtieron en *grillades de boeuf à la Chateaubriand*, anchos y densos, cortados en el centro del filete.

Luego, el Chateaubriand se convertirá en la especialidad del restaurante Magny (1862) situado en la calle Contrescarpe Dauphine. Hoy se sirve acompañado con patatas souflés.

CHAUD-FROID

Una noche de 1759, mientras daba una cena en su castillo de Montmorency, el Mariscal Duque de Luxemburgo fue llamado de urgencia al castillo de Versalles. Volvió muy tarde, y se encontró con que la gelatina de su *fricassée* de ave que había dejado se había deshecho, mezclada con la crema, daba un aspecto brillante y apetitoso a los trozos de carne.

El Duque, encantado de esta maravilla del azar, alentó a su cocinero para mejorarlo, y así nació el Chaud-froid.

CHOISY

Como en el caso de otras denominaciones: Crécy, Argenteuil... de la región de producción de las lechugas de donde proviene esta referencia.

Las lechugas de Choisy eran famosas en el siglo XVIII. Fue el rey Luis XV, una de cuyas residencias preferidas era su castillo de, Choisy-le-Roi (Val de Marne) quien alentó a los hortelanos de la región en su trabajo, inspirándose en las investigaciones de Olivier de Serres.

CORDON BLEU

Ese calificativo lisonjero para las amas de casa, tiene su origen en una Orden prestigiosa, la Orden del Santo Espíritu.

Fue Enrique III, en 1579, quien creó esta Orden, imitando a la Orden Veneciana del Santo Espíritu. Sólo un centenar de personas han accedido a esta distinción. Su principio es el mantenimiento del noble espíritu humano. Bajo Luis XVIII, en julio de 1831, la Orden se extinguió. Más recientemente, en 1969, Karl Heinz Steger reanimó la institución.

La Orden del Santo Espíritu tiene una filosofía próxima a la de la Orden de los Caballeros de Malta y está representada en varios países.

CRÈME AU BEURRE
CREMA A LA MANTEQUILLA

Como muchas de nuestras técnicas complejas, se encuentra un error en la base de la invención de la crema a la mantequilla. Según Lacan, debemos esta receta al Remondet, chef de cocina del Príncipe de Joinville (hacia 1840-1850).

En la cocina, dos preparaciones diferentes se reservan para su utilización: una crema inglesa, la chantilly para los bavarois y por otra parte, una bechamel y una mantequilla fina para un glaseado.

El chef pide a un aprendiz que incorpore la mantequilla a la bechamel. Distraído, éste la añade a la crema inglesa. La mezcla no liga. Entonces, el chef, para darle una lección, le entrega un batidor y le obliga a montar el conjunto. Contra lo que podía esperarse, la mezcla se une progresivamente y el Chef (sic) pondrá en práctica la nueva creación.

CROISSANTS

En 1683, durante el sitio de la ciudad de Viena en Austria, por el ejército turco, un panadero, que preparaba sus panecillos, se quedó intrigado por unos ruidos subterráneos. Informó rápidamente a las autoridades vienesas que descubrieron a los enemigos cavando fosas para invadir la ciudad.

Para recompensarlo por su información, el panadero, y luego toda la profesión, obtuvieron el permiso para fabricar pequeños hojaldres, a los cuales se dió una forma de medialuna turca. Hasta entonces, solamente los pasteleros tenían la prerrogativa de confeccionar hojaldrados.

CUBAT

Pierre Cubat, nacido en 1840 en Aude, realizó su aprendizaje como cocinero en las grandes casas parisienses, como el *Café Anglais*, a las órdenes de Dugléré.

Luego, se fue a Rusia donde trabajó en la corte de Alejandro III, antes de abrir en San Petesburgo el restaurant *Cubat*. Más tarde, volvió a París y gracias a la princesa Païva, una bella galante de la época, creó un restaurante en los Campos Elíseos. La brigada estaba compuesta esencialmente por cocineros del *Gran Hotel* de Montecarlo. Tras algunas dificultades, volvió nuevamente a Rusia. Sus hermanos, Louis y Pierre fueron también brillantes cocineros que hicieron honor a la cocina francesa en Rusia, en Inglaterra y en Siam (Tailandia). Su nombre está ligado a diversas preparaciones de pescados.

D

DUROC

El mariscal Duroc (1772-1813) uno de los oficiales favoritos de Napoleón, era amigo de madame Véry, esposa de un cocinero que trabajaba en los restaurantes de moda. Ayudado por el mariscal, Véry se instaló en las Tullerías. Allí creó su guarnición *Duroc* compuesta de champiñones, patatas a la cacerola y tomates triturados. En *Chez Véry* se encontraban a menudo los literatos y los actores en el marco de la *Sociedad de los Miércoles*, para cenar, apreciar los guisos del chef Lagacque y rehacer el mundo.

E

EPIGRAMA

Un epigrama según el diccionario es una composición breve en prosa o verso en que se expresa un pensamiento ingenioso y satírico. Una encantadora mujer, que carecía de cultura, recibía una noche a cenar a los oficiales del señor de Choiseul (1719-1785). Al final de la cena, los invitados comentan a la señora la notable calidad de los epigramas que les habían ofrecido unos días antes en casa del conde de Vaudreuil.

Tras la cena, el ama de casa llama a Michelet, el cocinero, y le ordena que cree epigramas para la próxima cena a la que serían invitados los mismos comensales, para demostrarles que los epigramas de esta casa valían tanto como los del conde de Vaudreuil. Así aparecieron en la mesa las *costillitas de cordero en epigrama*. El equívoco provocó la risotada general.

Pero el origen de la receta en realidad es desconocido, aunque en *Le Cuisinier François* de La Varenne (1651) encontramos un *Jarrete de ternera en epigrama*.

ESPAÑOLA

Esta salsa-madre, se la debemos a España. En 1660, el rey Luis XIV se casa con la infanta de España, que traerá sus cocineros a la Corte de Francia.

Entre las preparaciones de base figura una salsa «quemada», llamada así por su ligazón con roux marrón (harina tostada). Ese fondo, por otra parte, está condimentado con pimientos.

Se encuentra una salsa Española en la obra de Massialot, así como en el apartado «Coulis general que sirve para todo tipo de guisados» de L.S.R., y Vicent de la Chapelle también cita la Salsa Española en su *Cuisinier Moderne*. Entre tanto el fondo se ha adaptado al gusto francés.

A finales del siglo XIX, en la revista *L'Art Culinaire*, Philéas Gilbert propone que se la llame salsa Francesa, ya que es un fundamento de su cocina; pero no lo conseguirá.

F

FEUILLETAGE
HOJALDRADO

La pasta hojaldrada, base de tantas preparaciones, es la obra fortuita de un aprendiz pastelero de la región de Toul, Claude Gellée, llamado el Lorrain, artista célebre por otra parte. Nacido en una modesta familia, realiza su aprendizaje en una pastelería de su ciudad.

Un día, debe preparar una pasta con mantequilla y se olvida incorporarla. Coloca entonces la mantequilla encima de la masa, dobla bien los bordes para aprisionarla y aplasta varias veces el conjunto para integrar la materia grasa. Cuando la masa sale del horno se encuentra con una torta hinchada. Acaba de descubrir el principio del hojaldre. En 1635, gracias a Claude Gellée y a su invento un pastelero parisino, Francois Robatout se hace rico. Luego, Gellée se va de París a Florencia, para trabajar en casa del pastelero Mosca Angelo. Claude Gellée esconde su secreto de fabricación pero el maestro florentino le espía y descubre la técnica, vigilándolo desde un escondrijo. La casualidad hace que Gellée conozca en aquella época a un pintor alemán, lo cual le permite realizar su sueño: pintar. Abandona la pastelería y se convierte rápidamente en un paisajista muy conocido.

FOYOT

Varias preparaciones llevan el nombre de este célebre restaurador: *salsa Foyot*, *costilla de ternera Foyot*, *palomo Foyot*... Casi seguramente, fue Leopold Mourier, gran cocinero y sucesor de Foyot, el responsable de esas denominaciones durante el periodo en que dirigió la casa, de 1890 a 1912.

Foyot era el cocinero de Luis Felipe, pero sus opiniones políticas le obligaron a dejar las Tullerías y se instaló en 1848 como «Comerciante en vinos y Traiteur». Para atraer a la clientela, instaló en la fachada una jaula con un oso. Pero le bastaba con su talento y se retiró en 1864 habiendo amasado una gran fortuna. Numerosos cocineros tomaron sucesivamente la dirección de su establecimiento, que siguió siendo uno de los más conocidos y más caros de Paris. Constantemente, el *Restaurante Foyot* se adaptó y evolucionó hasta que en 1938, una expropiación puso fin a un siglo de fama.

FRANCILLON

Alexandre Dumas, hijo, inventa la ensalada Francillon para la obra de teatro del mismo nombre, estrenada en la *Comédie Française*, el 9 de enero de 1887.

Durante la obra, Annette, la sirvienta, describe la composición de la ensalada a Henri, el personaje principal. Al día siguiente, el restaurante Breban, famoso establecimiento situado en los bulevares la presenta en su carta.

Fue un éxito inmediato entre los comensales siempre a la búsqueda de novedades. Algunos años después se reemplazan las patatas por los crosnes de Japón, lo cual da lugar a la *ensalada japonesa*. (1)

FRANGIPANE

La reina Catalina de Médicis había conservado su pasión por las polentas, dulces y saladas, de su Italia natal.

En París, era imposible encontrar harina de maíz. El chef pastelero de la corte, creó una preparación similar, ligandola con harina de trigo candeal, adornada con macarrones desmenuzados y mantequilla fresca.

Esta receta la dedicó al conde Césare Frangipani, un amigo de la reina y se convertirá en la base de numerosos pasteles, como la famosa tarta Bourdaloue.

Hay quienes sostienen que la receta se inventó en casa de Frangipani, en Italia, antes de la boda de Catalina de Médicis.

H

HARICOT

La palabra Haricot, para designar un guiso de cordero, viene del francés antiguo Harigoter, que significa «desmenuzar». En el *Cuisinier François* de La Varenne, se encuentra la receta de *pecho de cordero en (h) Aricot*. Se trata de un guiso de cordero con nabos.

La judía (haricot en francés) fue traída desde México a Italia, donde Julio de Médicis (Papa Clemente VII) alentó su cultivo. Cuando Catalina de Médicis se casó con Enrique II en 1533, trajo con ella a Francia gran cantidad de productos desconocidos, como los phaseolus vulgaris. Por deformación, esa legumbre se convirtió sucesivamente en faseole, fayol y finalmente fayot. El rápido desarrollo de su cultivo y su fácil conservación, le permitieron suplantar los nabos en un guiso (aricot) tradicional. Por asimiliación, el phaseolus se convirtió en haricot.

J

JULIENNE
JULIANA

En el origen de esta manera de cortar las verduras en bastoncillos se halla seguramente un cocinero llamado Jean Julienne. Habría trabajado en el siglo XVII y algunos escritos le atribuyen la creación de un caldo claro adornado con bastoncillos de verduras y algunas hierbas. Pero también conocemos a una cocinera Julienne, al servicio de la señorita Mars (Anne Boutet). Magnífica intérprete de las obras de Molière, la actriz recibía a menudo a cenar a Alexandre Dumas hijo. Además, le gustaba reunir a sus amigos en los restaurantes de moda: *Marguéry, Paillard, Voisin...* Sin embargo, esta interpretación es más fantasiosa.

K

KUGELHOPF

El nombre *Kugelhopf* viene de la masa prepara-

---

(1) N. de la T: Se trata de una ensalada compuesta de patatas, mejillones, vinagreta de vino blanco y adornada con apio picadito y trufas.

da a base de levadura de cerveza y en forma de bola; *Kugel*: pelota, bola y *Hopf* lúpulo.

La masa se prepara como la del savarin. Antes de deslizarla en los moldes de cerámica barnizada, se le añaden pasas de Málaga, almendras fileteadas...

La receta original viene de Austria, pero también forma parte del patrimonio alsaciano. El *Kugelhopf* se sirve en todas las fiestas: familiares, religiosas...

Las formas son múltiples: estrella en Navidad, cordero en Pascua, flor de lis para la Epifanía, cangrejo para las bodas. La recién casada llevaba siempre en su ajuar un molde para *Kugelhopf*.

En 1838, un pastelero alsaciano, llamado el gordo Georges, abrió una tienda, en la calle del Coq Saint Honoré en París donde hizo fortuna gracias a este pastel.

Algunos años despues, Eugène, chef de cocina de la embajada de Austria en París, realizaba la receta en la pastelería de Antonin Carême, el cual la popularizó luego en las casas burguesas donde trabajó.

M

MADELEINE
MAGDALENA

Si esos deliciosos pastelitos son reconocidos como la especialidad de la ciudad de Commercy, es más delicado encontrar el inventor. Existen varias tesis. Sin tomar partido, se pueden citar cuatro:

1. Stanislas Leczinsky, antiguo rey de Polonia, poseedor de un castilo en Commercy. Durante una recepción, el pastelero se marcha y es una sirvienta, Madeleine, quien confecciona los pastelitos de acuerdo con una receta familiar.

Son un éxito. Para festejar el acontecimiento, se bautiza a esos pastelillos con el nombre de la pastelera improvisada. Debemos advertir que el paquete de las madeleines llevaba grabado una campana y que Leczinsky era el padrino de una campana de la iglesia de Commercy.

2. En el Ministerio de Relaciones Exteriores, Avice, el pastelero de Tayllerand, creó una presentación original de los bizcochos, dándoles forma en pequeños moldes de gelatina.

3. Madeleine era la cocinera de Marie Leczinska, esposa de Luis XV.

4. Hacia 1830, en Palais Royal, una encantadora vendedora ambulante proponía sus bizcochos, se llamaba Madeleine.

MARENGO

Es el 14 de junio de 1800, durante todo el día la batalla de Marengo, en el Piamonte, causa estragos. Bajo las órdenes de Bonaparte y de sus generales Lannes y Murat, la carga de Kelermann hace retroceder a los granaderos austríacos.

La victoria despierta el estómago del Primer Cónsul y su cocinero Dunan se desespera, ya que el avance rápido de las tropas francesas lo ha aislado de los furgones de abastecimiento. Unica solución: utilizar los productos que se encuentren cerca. Tras una rápida razzia en medio de las ruinas, consigue reunir pollos, tomates, ajo, perejil verde... Dunan trocea las aves, las saltea en aceite de oliva, y añade progresivamente todos los ingredientes que había encontrado. El hambre y la rusticidad de esos productos hacen un plato suculento. Más tarde, huevos fritos, cangrejos y champiñones, algunas láminas de trufas y costrones de pan harán entrar la receta entre los clásicos de la gastronomía.

MARGUERY

Creador de los famosos *Filetes de lenguado Marguery*, Jean Nicolas había nacido en Dijon en 1834. Aprendiz en el *Rocher de Cancale*, donde el chef Langeais había creado el *lenguado normando*; pasó luego, sucesivamente por el restaurante de los *Frères Provençaux* y por *Champeaux*.

En 1867, compró el restaurante *Lecomte*, que se convirtió en el *Marguery*. Progresivamente, organizó diferentes salones: Mármol, Porcelana, Gótico, Médicis, haciendo del establecimiento un templo de la gastronomía. Oficial de la Legión de Honor, murió en 1910. Tras diversas historias, el *Marguery* cerró definitivamente entre las dos guerras mundiales.

MARMITA (grande y pequeña)

La *Marmite perpetuelle* era un restaurante de la calle de los Grands Augustins que conoció su época de gloria durante el Primer Imperio (1804). La señora Deharme tenía como especialidad una marmita que nunca abandonaba el fogón. En cuanto quitaba un trozo de carne o algunas verduras, las reemplazaba inmediatamente. Ese caldo rico y sublime, hacía las delicias de todo París.

Algunos años más tarde, Magny, que recibía en su restaurante a muchos solterones, supo que esos alegres muchachones tenían la idea de crear una asociación *Le Pot-au-Feu* (el cocido) con el objetivo de que... «la verdadera comida de familia sustituyera a todos esos platos más o menos falsificados» (¡ya entonces!). Magny se apresuró y creó sus «Pequeñas marmitas» antes de que la Liga se instalara ante los fogones.

MAXIM'S

En este establecimiento aún famoso, se creó el steak Albert (por el nombre del maître d'hôtel) más conocido bajo el nombre de steak a la pimienta.

El 14 de julio de 1890, Imoda, un heladero italiano, propietario del establecimiento, engalanó el restaurante con banderas alemanas. Los parisinos no apreciaron la provocación y destruyeron el lugar.

Habrá que esperar hasta 1907 para que la fama llegue, gracias al chef de cocina Henri Chaveau y al maître d'hôtel Cornuché. El *Maxim's* es entonces el lugar de cita de todos los vividores y juerguistas. Su diversión favorita: echar luises de oro por los suelos de los salones y alegrarse la vista viéndo como las mujeres galantes se pelean para recogerlos.

MAYONNAISE
MAYONESA

Esta deliciosa salsa, versátil y delicada, tiene al menos cinco etimologías posibles:

1. En francés antiguo, la yema del huevo se llamaba moyeu. Su utilización en esta salsa explicaría su nombre.

2. Su creación se atribuye al cocinero Magnon, originario del sur de Francia.

3. El nombre de la salsa mayonesa tendría como origen la ciudad de Bayona.

4. El cocinero del Mariscal Duque de Richelieu habría creado la salsa tras la victoria de Port-Mahon (mahonesa).

5. Los duques de Mayenne (Mayennaise) estarían también entre los pretendientes al nombre.

MELBA
MELOCOTON MELBA

El *Melocotón Melba* fue creado, en 1893 o 1896 por el maestro Auguste Escoffier, al día siguiente de la representación de Lohengrin, en el Covent Garden de Londres. El célebre cocinero dirigía entonces las cocinas del hotel Carlton.

Admirador de Nelly Melba, Escoffier, para homenajear el talento de la cantante, imaginó un postre que asociara finura y elegancia. Los melocotones frescos y enteros, se cuecen en un ligero almíbar avainillado, se disponen sobre un lecho de helado de vainilla y se cubren con coulis de frambuesa. Este conjunto se inscrusta en un bloque de hielo en forma de cisne, que recuerda el pájaro mítico de la obra de Wagner. Un ligero velo de azúcar hilado recubre el conjunto. La Melba quedó impresionada por este homenaje.

Hay que recordar también que una presentación idéntica fue realizada por Eberlé, en el Savoy de Londres, con el nombre de *Mandarinas heladas Lohengrin*.

MERINGUE
MERENGUE

Este delicioso y rentable postre habría sido inventado por un pastelero llamado Gasparini, instalado en Mehringhen, en el ducado de Saxe-Cobourg. Gasparini viajará a Wissembourg para comunicar la receta a Stanislas Leczinsky, antiguo rey de Polonia. Por entonces, se prepara con una cuchara. Así los prepara Marie Antoinette en el Trianon.

El merengue llamado «suizo» fue inventado en los laboratorios de la pastelería parisina Piche y Thomas Magnan, donde oficiaba el chef Louis Trutte. Tras algunos años de secreto, la preparación se hizo popular.

MIRABEAU

La guarnición «Mirabeau» compuesta por un enrejado de filetes de anchoas y aceitunas deshuesadas, tiene algo que ver con los calabozos y la Provenza, que son dos elementos importantes de la vida del brillante orador.

Gabriel Mirabeau, conde de Riquetti, nacido en 1749, pertenecía a la alta nobleza provenzal. Debido a su cara poco agraciada, con marcas de viruela, Mirabeau es rechazado por su familia. Entra en el ejército, pero sus ideas liberales y sus extravagancias le hacen conocer las prisiones de la Citadelle de Ré, del Castillo de If, del Fuerte de Joux y del Castillo de Vincennes.

Seguramente debemos el nombre a su cocinero Vileroux, igualmente conocido por sus aventuras. En efecto, durante dos años fue jefe de tribu en las Indias.

MOUTARDE
MOSTAZA

La simple lógica pretende que este nombre provenga de moût, (mosto) base de la preparación de la mostaza. Pero la etimología sería demasiado simplista para un condimento que tiene la reputación de alegrar el alma.

La anécdota es de Borgoña. Como es costumbre, algunos finos golosos se reunían para apreciar y alentar los productos gastronómicos. Entusiasmados por la degustación de un condimento a base de grano de mostaza, mosto y verjus buscan un nombre evocador. Por supuesto, es necesario que la denominación recuerde a Borgoña. Fue entonces cuando un concejal propone apoyarse en la divisa del gran Philippe, duque de Borgoña: «Moult me tarde!». La idea es excelente y una pequeña nota de modernismo nos da «moutarde».

MURAT

El príncipe Joseph Murat, nacido en 1834, era hijo de Joachim Murat, Mariscal de Francia, rey de Nápoles. Joseph Murat formaba parte de la banda de los Grandes Vividores que dieron celebridad a algunos establecimientos parisienses de la *Belle Epoque*.

Una noche, Murat llegó muy tarde a *Maxim's* para la cena. La jornada había sido buena y las neveras estaban casi vacías. Preocupado por servir a este comensal prestigioso, el chef reunió los pocos elementos que le quedaban: lenguados, alcachofas, patatas... Para acelerar el servicio, todos estos productos fueron fileteados, cortados, escalopados... una vuelta por la sartén, a la molinera, y así nacieron las *Goujonnettes de lenguado Murat*.

N

NAVARIN

En 1827, en el puerto griego de Navarin o Pilos, en el mar Jónico, al término de una gran batalla naval, la escuadra de las fuerzas aliadas francesas, rusas e inglesas destruye la flota turco-egipcia. Al día siguiente de esta histórica batalla, el almirante de Rigny, que dirigía la armada, da orden de mejorar la comida ordinaria. A bordo del navío-almirante Trident, el chef cocinero tiene la idea de reemplazar el arroz del rancho por verduras variadas y coloreadas. Una doble ración de vino hace la presentación más festiva aún, y es el triunfo. Desde entonces, algunos refinamientos han izado el navarin al rango de gran clásico.

O

OMELETTE NORVEGIENNE

Este postre espectacular, como todo éxito, no carece de inventores. En realidad, parece que los padrinos sucesivos la mejoraron.

El primer eslabón sería el físico americano Rumford (1753-1814) quien aportó el principio. La idea llega a Francia y el chef Balzac, del *Grand Hotel* de París, la pone en práctica. Envuelve el helado con una fina capa de masa que, dorada al horno, protege de la fusión. En 1866, sorprende con este plato a una delegación de cocineros chinos en visita a París.

Algunos años más tarde, el gran Giroix, chef del *Hotel de Paris* en Montecarlo dispone la crema helada dentro de una caja de bizcocho que recubre con una omelette soufflé. Desgraciadamente, por razones comerciales, el me-

rengue italiano reemplaza cada vez más esa delicada cobertura.

ORLOFF

La pieza de ternera a la Orloff, monumento de la gran cocina clásica, fue creada por Léonor Cheval, chef de cocina del restaurante *Tortoni*. En 1798, al recuperar el establecimiento del maestro heladero italiano Velloni, Tortoni había cambiado el nombre. Manteniendo la calidad de las cremas heladas, el restaurante adquirió gran prestigio gracias a la presentación de sus bufetes y platos en gelatinas, debidas en gran parte al talentuoso Urbain Dubois.

Entre los clientes célebres se puede nombrar a Musset, Victor Hugo y el príncipe Orloff. Descendiente de una gran familia rusa, Orloff era ministro y embajador del zar Nicolás I.

La invención de esta pieza de ternera cubierta y glaseada a la Soubise, es la compañera de la *Selle Metternich*, dedicada al príncipe y embajador austríaco, pero en la que la salsa está condimentada con paprika.

OTERO (la Bella)

El chef de *Maxim's* dedicó muchas preparaciones muy especiadas a esta bailarina española de la *Belle Epoque*. En ese restaurante enloquecía a los príncipes y a los monarcas. La Bella Otero era hija de un aristócrata griego y de una gitana española. Comenzó a bailar en Marsella y su éxito la condujo rápidamente a París donde se convirtió en una de las más célebres mujeres galantes.

P

PAILLARD

Las finas escalopas de ternera, de pescado,

etc... tan apreciadas hoy deben su nombre a ese restaurador famoso, cocinero de gran talento que formó, entre otros, a Léopold Mourier.

Hacia 1895, Paillard se instaló en un restaurante de la Chaussé d'Antin, *Le Bignon*, antiguo *Café de Foy*. Rápidamente, el establecimiento se forjó una reputación y las cabezas coronadas (la reina Victoria, el rey Eduardo VII, los archiduques de Austria, los grandes Duques de Rusia) iban a menudo a apreciar sus creaciones: *Paillard de Ternera, Pollo Archiduque, Pato a la prensa...* La primera guerra mundial provocará la desaparición de este templo de la gastronomía. (1).

PAÏVA

El *timbal Païva*, fue creado por Adolphe Dugléré, cuando era chef del *Café Anglais*. Se presentaba como un pastel tapizado con bandas de pannequets, guarnecido con puré de ave, con lengua escarlata y adornado con salsa Albufera (también de Dugléré).

La creación estaba dedicada a la marquesa de Païva, cliente del *Café Anglais*. Abierto en 1802, ese restaurante de los bulevares parisienses, se hizo célebre en toda Europa a causa de sus salones particulares, especialmente del *Grand 16*, donde las cenas prolongadas y alegres reunían a los juerguistas de alto rango y a sus amantes. La Païva, la Deslions hacían furor.

La Marquesa de Païva tuvo una vida tumultuosa. Nacida Thérèse Lachman, la Païva era hija del príncipe Constantino y de una plebeya. Muy joven la casaron con un sastre francés de Moscú y luego fue secuestrada por su profesor de piano, Hertz.

Hertz la abandonó cuando quebró. La Païva decidió entonces salir adelante sola y se propone obtener rápidamente el más bello palacete de París.

Así comenzó su vida de cortesana ecléctica. De príncipe en duque, luego conde, el dinero afluía... y se construyó como deseaba un palacete en el 25 de la calle de los Campos Elíseos. Tras este triunfo un periodista burlón la llamaba «qui paie y va» (quien paga va...).

Pierre Cubat acabó comprando el *Hotel Païva* y lo convirtió en un famoso restaurante. La brigada provenía del *Grand Hotel* de Montecarlo y se componía de 30 cocineros, de los cuales ocho eran rusos. Cuando Cubat marchó a San Petesburgo, su hermano Louis lo reemplazó.

PÂTE À CHOU
LIONESAS

La pâte à chou aparece por primera vez en Francia, de manera más rústica, en 1540, para la llegada de Catalina de Médicis y de su chef pastelero italiano Pasterelli quien fabrica los Popelins (Popelini).

Hacia 1775, Tiroly, chef pastelero de la casa de Orléans, modifica las proporciones, y llama a su masa «pâte à chaud»: la utiliza esencialmente en forma de buñuelos de viento.

La masa evoluciona nuevamente con Avice (1798, maestro pastelero que tuvo como alumno a Carême). Enrollando la masa con la mano, cocía las bolas así realizadas para obtener buñuelos asados. Por su parecido con los choux pommes (repollos), llamó a esta masa «pâte à chou».

En cuanto se creó la manga, ciertamente en casa de Chiboust, la pâte à chou se prepara con más rapidez y variedad.

PLUM PUDDING

No hay Navidades inglesas sin plum pudding. Pero esta tradición inglesa sería una adaptación del far bretón, tradicional pastel celta. También se ha encontrado en Grecia an-

---

(1) N. de la T.: Paillard designa una fina escalopa de ternera, bien aplastada y asada o salteada.

tigua, la Strepte, un pastel realizado a base de grasa, frutas, miel y harina, así como el Thrion, que se envuelve en hojas de higuera.

Más próximo a nosotros, en 1623, durante una cena en Madrid, el duque de Buckingham aprecia un pastel a base de pasas de Málaga, higos secos y harina de maíz. Comunica esta receta a su pastelero, que la anglicaniza, incorporando en especial plums (ciruelas): es el plum-pudding.

Este pastel fue conocido en París, tras la batalla de Waterloo (1815), cuando los pasteleros del duque de Wellington lo confeccionan en los laborarios de la Maison Chevet en el Palais Royal. (1).

POMMES SOUFFLÉES
PATATAS SOUFFLÉES

Atribuir la invención de las patatas soufflées a un solo cocinero resulta inverosímil. No se trata, en este caso, de una dedicatoria o de un trabajo original, sino más exactamente de varios gestos de habilidad manual, complejos, y progresivamente mejorados. Un cocinero constató un día como se hinchaban las patatas fritas cocidas a temperatura media. Otro, que lo supo, trató de comprender y así sucesivamente... Sin embargo se puede fijar un punto de referencia para la creación de la patata soufflées: el 25 de agosto de 1837. Fue el día de la inauguración de la línea de ferrocarriles París-Saint-Germain en Laye. Se organizó una gran cena oficial para celebrar el acontecimiento, con el célebre Colinet ante los fogones. Ante la curiosidad de los invitados extasiados por esas patatas hinchadas, rubias, crujientes, aéreas, en forma de al-

mohadón, Colinet tuvo que explicarse. La dificultad del tren para subir la cuesta de Saint-Germain, había retrasado la comida. Fiel a una tradición de exactitud, Colinet estaba listo a su hora, las patatas fritas también. En el momento de servirlas, las volvió a sumergir en el aceite muy caliente para dejarlas crujientes y así apareció esta maravilla.

Aceptemos la anécdota, aunque seguramente había premeditación.

PONT-NEUF

El Pont-Neuf (Puente Nuevo) a pesar de su nombre, es uno de los más antiguos de París. Fue construido, en efecto, entre 1578 y 1607. De cada lado del puente, las tiendas atraían a los curiosos mientras que los malabaristas animaban la calzada. Entre las tiendas, encontramos a los «friteros», famosos por sus patatas fritas, que se caracterizan por la manera regular en la que son cortadas más que por sus calidades gustativas. Un documento de la época asegura que medían exactamente once centímetros.

Por analogía con esas frituras parisienses del Pont Neuf, las largas patatas fritas adquieren ese nombre. ¿De quien fue la idea?... Misterio de París.

R

RACHEL

No se conoce quien impuso este nombre que sin embargo está en armonía con el

---

(1) N. de la T.: Plum-pudding Pastel inglés característico por el añadido de grasa de riñón de ternera, pasas, ciruelas pasas, almendras, especies y ron. Far bretón: Especie de pastel de flan con ciruelas pasas que se puede comer frío o tibio.

personaje. Rachel, que en realidad se llamaba Elisa Felix, nació en Suiza. Poco cultivada, pero dotada de un gran talento como actriz, conoció un gran éxito en el Teatro Francés. Hacia 1855 marchó a América pero tras una serie de desengaños, la actriz dramática volvió a Francia.

Lo que une a Rachel con la gastronomía son las cenas que daba en sus apartamentos de la calle Trudaine. Le encantaban los vinos y sobre todo el champagne. Se sentaron a su mesa los Dumas, padre e hijo y sobre todo, el doctor Véron, médico, director de la Opera de París y gran gourmet.

ROSSINI

Se le han dedicado numerosas preparaciones culinarias, como el famoso Tournedos. Todas son copiosas y tienen como base el foie-gras presente incluso en los macarones rellenos de foie gras que se complacía en preparar para sus amigos. Aunque fuera un gran goloso y un excelente cocinero, fue la música la que le dio fama. Nacido en 1792, en Pesaro, Italia, fue el autor de *La Urraca ladrona, El barbero de Sevilla, Guillermo Tell...*

Su gordura era tal que hizo decir con crueldad a su amigo Théophile Gauthier: «Tiene tan monstruosa gordura que hace seis años que no ha visto sus pies.»

S

SAINT HONORE

Una anécdota corporatista cuenta que un panadero, contrariado por un vecino pastelero que deseaba hacer pan, decide comercializar pasteles y crea el Saint-Honoré. Pero esta rivalidad por sí sola no podría explicar la creación de tal elaboración.

Es más probable que el autor sea el chef pastelero Auguste Julien, que trabajaba en Chiboust. Durante una estancia en Burdeos, descubre el *Flan Suizo*. El Saint-Honoré se prepara entonces con pasta de bizcocho. La invención de la manga por Trottier (fabricante de moldes) permitió hacia 1847, realizar una corona con pasta de lionesas.

SORBETE

La palabra sorbete, vendría de la palabra árabe o asiria *chorbet* o *sharbet*.

La historia cuenta que Alexandro Magno (350 antes de J.C.) apreciaba ya sus cualidades.

La fabricación era similar a la de nuestras recetas tradicionales. El zumo de las frutas obtenido por presión se filtraba en un tejido de seda antes de enriquecerlo con miel. Se añadía un extracto de plantas para evitar la cristalización.

La mezcla se metía luego en ánforas, que se enterraban en la nieve.

Al término de uno de sus largos viajes, el explorador Marco Polo traerá estas recetas a Venecia, completadas con observaciones efectuadas en China. Los pasteleros italianos hacen el *Sorbetto*, que Procopio hará descubrir a los parisienses en su famoso café.

SUZETTE

Muchos reivindican la creación de la *Crêpe Suzette*. Pero fue un cocinero francés, Henri Charpentier, muerto en California, quien reclamaba a gritos su paternidad. La anécdota tuvo lugar en Montecarlo. Cuando preparaba las crêpes para el príncipe de Galles, futuro Eduardo VII, el alcohol con el que Charpentier las humedece se enciende. Como está acostumbrado al fuego, continúa espolvoreando las crêpes con azúcar, que se carameliza.

Esta preparación espectacular y deliciosa, fascina al Príncipe. Charpentier propone darle su nombre y, con galantería y prudencia, el futuro rey sugiere que lleven el nombre de su compañera del momento, Suzette.

T

TOQUE (TOCA)
GORRO DE COCINERO

Antes de tener esta forma cilíndrica, con pliegues, emblema de los oficios culinarios, la toca habría conocido varias transformaciones evolutivas.

Originalmente, la toca española, sin bordes y de forma cilíndrica, se utilizaba en el siglo XV. En aquella época, los diferentes vendedores y los traiteurs llevan una toca que simboliza su oficio. El propietario por ejemplo, lleva un bonete de algodón blanco; el obrero una boina de lana y el aprendiz una boina de tela.

Cuando la abolición de las corporaciones, toda la brigada luce entonces el bonete de algodón. Ese bonete, parecido a los que se utilizan para dormir, no puede satisfacer a Antonin Carême, siempre a la búsqueda del ennoblecimiento del cocinero. Trabajando para Lord Steward, en Vienne, para darle elegancia, desliza en el fondo del bonete, un cartón circular. Más tarde, se reemplazará el cartón por una varilla.

Hacia la mitad del siglo XIX, el disco redondo se hace más gracioso aún gracias al almidón. Es así como aparece el Saint-Honoré, que Casimir Poisson, chef de la *Maison Doré* populariza. Este gorro de cocinero fue conservado durante largo tiempo por los pasteleros. La posición de la toca en la cabeza del chef, revelaba su estado de ánimo. Tal vez, para ocultar este indicio, se instauró la toca derecha.

TOURNEDOS

Se nos ofrecen varias etimologías. Una cosa es cierta, esta denominación aparece en las cartas hacia 1860. Por otra parte, a causa de la dificultad de conservación, estos «filetes» o «medallones de buey» no se servían en las buenas casas.

1. Gracias a su textura y su ternura, para cocer este trozo, se expone al fuego, *on lui tourne le dos* (se le da la espalda, la vuelta) y la cocción está terminada.

2. En el Pavillon Baltard, en el viejo mercado de París, el gran pasillo central estaba reservado a la presentación de los mejores trozos: aves, pescados, carnes... En los pasillos adyacentes, *dos tourné* (de espaldas) a la arteria central, los carniceros proponía las piezas menos importantes, como estos filetes...

3. Un maître d'hôtel, convencido de lo bien fundado de la mala reputación de esos trozos, habría servido el medallón de buey pedido por un comensal, dando la espalda a los otros clientes, para disimular al intruso.

V

VOL AU VENT

Como muchas otras recetas el *Vol au vent*, es el fruto de un azar dirigido. Se atribuye su creación al maestro Antonin Carême.

Siempre a la búsqueda de la creatividad y de la modernización, Antonin de Paris, quería reactualizar diversas tartas, muy apreciadas por el príncipe de Condé pero que se juzgaban muy pesadas.

Con su absoluto dominio de las masas hojaldradas, y su control de las cocciones (aún estamos lejos de los hornos de convexión y programables) y tras varias tentativas poco satisfactorias, Carême intenta un asamblado de dos bases de masa completadas con una cinta de hojaldre. Bien torneado, cortado y reposado, el hojaldre sube derecho, se hincha y el encargado del horno exclama admirativo: «Antonin, ta tourte vole au vent» (tu torta vuela al viento).

Se había inventado esta apetitosa costra de masa, lista para acoger todo tipo de relleno.

Z

ZINGARA

Es así como se designa en Italia a una «Bohemia» (gitana). La «Bohemienne», en cocina, es vagabunda e imprevisible. Designa preparaciones muy diversas de patatas, huevos, pollo salteado, medallones de carne... con multitud de ingredientes variados: croquetas, foie gras, cebollas, tomates, pimientos, berenjenas, calabacines...

Estamos muy lejos de la definición rigurosa de la *Zíngara*, específica de la costilla de ternera y por otra parte, idéntica a la Milanesa, commpuesta por: lengua, champiñones, trufas, jamón. Esta similitud podría incitarnos a suponer un parentesco con la cocina italiana, aunque Lacan nos propone una explicación que parece más verosímil.

En el *Cuisinier Impérial* de Viart (1808) se encuentran numerosas recetas, como la costilla de ternera, dedicada a Saint Garat. El homenaje está destinado a Garat Pierre, cantante vasco (1764-1823) famoso en todo Europa, y protegido por María Antonieta. Es su tío, ministro de Justicia, quien debe anunciar la condena del monarca Luis XVI. El nombre de Garat se borra entonces de la memoria colectiva de la clase noble. En la nueva edición, Viart substituye el nombre de Garat por Singara. Se trata de una interpretación homófona que si bien conserva la pronunciación, pero modifica la ortografía.

Existió también un Jamón Cincarat.

Los Grandes Momentos de la Gastronomía Francesa

Edad Media 1000-1450

PERIODOS Y GRANDES ACONTECIMIENTOS HISTÓRICOS	ARTES DE LA MESA	TÉCNICAS CULINARIAS	OBRAS CULINARIAS Y GASTRONÓMICAS
- Las cruzadas (8 expediciones desde 1095 hasta 1270). - 1214 La victoria de Bouvine da su carácter nacional a Felipe Au-gusto y a la monarquía de los Capetos. - Guerra de los Cien Años (1337-1441). - 1328 Muere Carlos el Hermoso, último rey Capeto. - 1328 Felipe VI, primer Valois. - 1420 Tratado de Troyes; los ingleses son los amos del país. - 1429 Juana de Arco derrota a los ingleses en Patay.	- El servicio a la francesa se organiza en 3, 4, 5 o 6 mesas sucesivas, adornadas con fuentes diversas. - Entre dos servicios malabaristas y cantantes (trobadores) divierten a los comensales: se trata del entremés. - No hay tenedores ni platos ni servilletas. - Se come con los dedos, haciendo transitar los alimentos sobre un tajo (trozo de pan sobre el que se colocan los alimentos y que luego se consume).	- Importante utilización de especias con una doble función higiénica y de distinción social. - Las salsas son muy ácidas y contienen poca o ninguna materia grasa. Se sirven con los asados. - Se cocina en el atrio de la chimenea: asado a la broqueta, cocciones líquidas en una marmita suspendida, en tarteras metidas entre las brasas o en unos potes sobre los morillos llenos de brasas. - Las recetas se redactan en función de los productos de base y no del número de los comensales.	- Taillevent: *Le Viandier*, 1370. - Pierre Pildoux: *Le cuisinier de tout cuisine*, 1350. - Anónimo: *Le Ménagier de Paris*, 1393. - Platino: *Le livre de l'honeste volupté*, 1474.

Renacimiento 1450-1643

PERIODOS Y GRANDES ACONTECIMIENTOS HISTÓRICOS	ARTES DE LA MESA	TÉCNICAS CULINARIAS	OBRAS CULINARIAS Y GASTRÓNOMICAS
- 1440 Invención de la imprenta. - 1450 Primera impresión de la Biblia. - 1492 Descubrimiento del Nuevo Mundo por Cristóbal Colon. - 1517 Primeras tesis de Lutero. - 1533 Matrimonio de Catalina de Médicis y del futuro Enrique II. - 1572 Masacre de San Bartolomé. - 1589 Enrique IV, primer Borbón. - 1600 Matrimonio de Maria de Médicis y Enrique IV - 1598 Edicto de Nantes. - 1624-1643 Luis XIII con la ayuda de Richelieu instaura la centralización monárquica.	- El tenedor, la porcelana y la cristalería hacen su aparición. Llegan a Francia desde Italia. - El anfitrión (quien invita) tiene un papel muy importante en el servicio, especialmente en el corte de las carnes, ejercicio durante el cual puede mostrar simbólicamente «su dominio de las armas».	- Nos llega de América una multitud de nuevos productos alimentarios: tomates, maíz, judías, patatas, café, chocolate... - Las cocinas permiten cocciones más suaves. - Se reduce el consumo de especias. - Las técnicas culinarias siguen siendo las de la Edad Media. Excepto la pastelería que se desarrolla bajo la influencia italiana.	- Numerosas impresiones o reediciones de obras medievales. - Olivier de Serres: *Le Théâtre d'Agricul-ture*, 1600.

Nacimiento de la Gran Cocina Francesa 1643-1715

PERIODOS Y GRANDES ACONTECIMIENTOS HISTÓRICOS	ARTES DE LA MESA	TÉCNICAS CULINARIAS	OBRAS CULINARIAS Y GASTRÓNOMICAS
- 1643-1715 Reinado de Luis XIV. - 1643-1661 Mazarin es el ministro principal de la regencia durante la minoría de edad de Luis XIV. - 1662 Versalles se convierte en ciudad real. - Edad de Oro en Francia en lo cultural y artístico.	- El servicio a la francesa se fija en tres servicios. - La estética de la mesa es, sobre todo, visual. - La simetría y la geometría reinan en la organización en la mesa: simetría en la disposición de los manjares y simetría en los servicios. - 1674 Se abre el primer café, *Le Procope*.	- Por primera vez L.S.R. explica la técnica de la ligazón con harina (entre otras). - La noción de salsa se amplía y aparecen los fondos de salsa (jugos y coulis). - Aparición de los ragouts, como categoría culinaria (resultado del desdoblamiento de los potajes). - Se ponen de moda las mousses, alimento de las bellas galantes que deben poder comerlas evitando el espectáculo grosero y prosaico de la masticación.	- François La Varenne: *Le Cuisinier François*, 1650. - Nicolas de Bonnefons: *Les Délices de la Campagne*, 1654. - Pierre de Lune: *Le Nouveau et Parfait Maître d'Hôtel Royal*. - L.S.R.: *L'Art de bien Traiter*, 1674.

Los Festines de la Corte 1715-1782

PERIODOS Y GRANDES ACONTECIMIENTOS HISTÓRICOS	ARTES DE LA MESA	TÉCNICAS CULINARIAS	OBRAS CULINARIAS Y GASTRÓNOMICAS
- 1715-1723 regencia del Duque de Orleans. - 1723-1774 Reinado de Luis XV - 1773 Tratado de París, Francia pierde gran parte de su imperio colonial en favor de Inglaterra. - 1774-1791 Reinado de Luis XVI. - 1776 Abolición de las corporaciones. - 1780-1789 Francia vive una seria crisis económica que los reformadores, Turgot y Necker son incapaces de resolver.	- El servicio a la francesa alcanza un refinamiento extremo. - Se establecen las reglas de preeminencia que hacen de la mesa el reflejo de la sociedad. - Los utensilios de mesa se desarrollan e individualizan. - Reina la simetría en la decoración de la mesa. - Verdadero éxito de los cafés que se multiplican día a día.	- Los cocineros, muy influenciados por el pensamiento alquímico tratan de aislar el principio sápido de los alimentos y refinan cada vez más sus salsas. - El respeto por el gusto del alimento de base se convierte en un principio. Las especias se vuelven cada vez más discretas. - Los grandes cocineros dedican sus creaciones a sus maestros o a sus huéspedes importantes. Es el comienzo de las denominaciones culinarias. - Comienzan a utilizarse los primeros fogones con hogar.	- Massialot: *Le Cuisinier Royal et Bourgeois,* 1691. - Massialot: *Le Nouveau Cuisinier Royal et Bourgeois,* 1712. - Vincent La Chapele: *Le Cuisinier Moderne,* 1739. - Marin: *Les Dons de Comus ou les Délices de la Table,* 1739. - Menon: *Les Soupers de la Cour,* 1755. *La cuisinière Bourgeoise,* 1746.

La Revolución: Nacimiento de la Gastronomía y Edad de Oro 1782/1880

PERIODOS Y GRANDES ACONTECIMIENTOS HISTÓRICOS	ARTES DE LA MESA	TÉCNICAS CULINARIAS	OBRAS CULINARIAS Y GASTRÓNOMICAS
- 1789 Toma de la Bastilla. - 1799 Ejecución de Luis XVI. - Organización de Francia en departamentos. - 1804 Coronación de Napoleón. - 1818-1830 Segunda Restauración. - 1814-1824 Reino de Luis XVIII (Dix-Huitres, Diez Ostras, le llaman en aquella época). - 1848 Elección de Luis Napoleón por sufragio universal. - 1870 El sitio de París termina con una derrota contra Alemania.	- Apertura de los primeros restaurantes (1872 Beauvilliers). - El servicio a la rusa aparece en los restaurantes y entra en competencia con el servicio a la francesa. - Las denominaciones culinarias se vuelven casi sistemáticas. - El maître d'hotel es el personaje central del restaurante. Cumple con un papel pedagógico porque enseña a la burguesía el arte de vivir de la aristocracia. - La literatura gastronómica se propone iniciar a los nuevos amos del poder a los placeres de la buena comida.	- Gracias a las denominaciones culinarias el número de recetas se desarrolla de manera exponencial. - El principio sápido de los alimentos se apropia de un nombre científico: el osmazomo. - La decoración de los platos se realiza sobre broquetas y zócalos para los manjares calientes. - Se ponen en práctica recetas redactadas para una cierta cantidad de comensales y multiplicables si es necesario. - Nicolas Appert descubre el sistema de conserva. - Puesta en práctica del método de fabricación de azúcar de remolacha y desarrollo de la pastelería. - Aparición de los primeros fogones a gas.	- Grimod de la Reynière: *El Almanaque de los Golosos*, 1802 y siguientes. - Grimod de la Reynière: *El Manual de los Anfitriones*, 1915. - Viard: *Le Cuisinier Impérial*, 1808. - A. Beauvilliers. *L'Art de la Cuisine*, 1814. - A. Brillat-Savarin: *La Physiologie du Goût*, 1825. - A. Carême: *L'Art de la Cuisine au 19ème siècle*, 1835. - N. Appert: *Le Conservateur*, 1842. - U. Dubois y E. Bernard: *La Cuisine Classique*, 1856. - J. Gouffé: *Le livre de Cuisine*, 1867. - C. Monselet: *Lettres Gourmandes*, 1877.

Los hoteles de lujo y la Hostelería Moderna 1880-1970

PERIODOS Y GRANDES ACONTECIMIENTOS HISTÓRICOS	ARTES DE LA MESA	TÉCNICAS CULINARIAS	OBRAS CULINARIAS Y GASTRÓNOMICAS
- 1905 Separación de la Iglesia y el Estado. - 1914-1918 Primera Guerra Mundial. - 1917 Revolución Rusa. - 1936 El Front Populaire instaura las vacaciones pagadas. - 1939-1945 Segunda Guerra Mundial. - 1954 Final de la guerra de Indochina. - 1958-1969 Vª República. El general De Gaulle es elegido Presidente. - Se ofrecen en Versalles grandes recepciones en honor de los grandes de este mundo. - 1962 Final de la guerra de Argelia. - 1969 N. Amstrong camina sobre la Luna.	- El servicio a la rusa se impone con tres variantes llamadas servicio a la inglesa, con veladores y a la francesa. - Las técnicas para flambear y cortar en sala alcanzan su apogeo. - El maître d'hôtel es el personaje central del restaurante. - Los hoteles de lujo reactualizan los fastos de "la vida de castillo" de las cortes del Antiguo Régimen. - Nacimiento y desarrollo del turismo gastronómico.	- Simplificación de los decorados. - Teorización y desarrollo de las técnicas de cocción. - El frío hace su entrada en las cocinas. - Creación de la Academia Culinaria. - Los cocineros franceses ponen en práctica métodos de organizaciones unánimemente reconocidos. - Creación de las primeras escuelas hoteleras francesas: Niza, Thonon, Toulouse, París, Estrasburgo. - Las cocinas regionales revisadas y corregidas siguiendo el espíritu de la gran cocina francesa, conquistan su derecho a existir. - Gracias a Raymond Oliver la cocina y los cocineros conquistan un lugar en los medios de comunicación.	- J.Favre: *Le Dictionnaire Universel de Cuisine*, 1883. - Philéas Gilbert: *La Cuisine de tous les mois*, 1893. - Primera edición de la *Guía Michelin*, 1900. - Escoffier: *Le Guide Culinaire*, 1902. - Gringoire y Saulnier: *Le Répertoire de Cuisine*, 1918. - Curnosky y A. de Croze: *Le trésor Gastronomique de la France*, 1923. - Edouard Nignon: *L'Heptaméron des Gourmets ou les Délices de la Table*, 1925. - Raymond Oliver: *La Cuisine*, 1965. - Prosper Montagné: *Le Larousse Culinaire*, 1967.

La Nouvelle Cuisine desde 1970

PERIODOS Y GRANDES ACONTECIMIENTOS HISTÓRICOS	ARTES DE LA MESA	TÉCNICAS CULINARIAS	OBRAS CULINARIAS Y GASTRÓNOMICAS
- 1974 Primer shock petrolero. El mito del crecimiento continuo se pone en entredicho. - 1975 Giscard d'Estaing es elegido presidente e invita al Eliseo a Paul Bocuse y a sus amigos. Los grandes chefs suben al estrado de los famosos. - 1981 La unión de la izquierda accede al poder. François Mitterrant se convierte en presidente. - J. Lang, ministro de cultura comienza a promover las artes culinarias.	- Se impone el servicio plato a plato. - Vuelven a aparecer las campanas, esta vez directamente sobre los platos. - El menú-degustación con un número importante de platos en pequeñas cantidades se impone como una versión moderna del «tapeo». - El corte de las carnes se lleva a cabo en la cocina: comienza la moda de los «agujitas». - Lo ligero y el «terruño aligerado» están de moda. - Los jóvenes ejecutivos se interesan «por la comida» y necesitan aprender: Gault y Millau se encargarán de enseñarles. - El vino y la enología comienzan a tener gran importancia para el público en general.	- Se ponen de moda las mousses y los beurres blancs. - La salsa ligada con harina se vuelve tabú. - Sofisticación en la decoración de los platos, inspirándose en decoraciones orientales. - Se da prioridad a la ' creatividad culinaria. Tras un período de liberación, el pasado y el terruño se convierten en la fuente de inspiración de la nouvelle cuisine. - Los grandes cocineros se convierten en estilistas de la industria agro-alimentaria. - La evolución de la oferta agro-alimentaria se alía con los progresos tecnológicos; la restauración diferida, la cocción y la conservación al vacío dan nacimiento a la «cocina de ensamblado». - Nacimiento de la ingeniería hotelera.	- Sale la nueva guía *Gault et Millau*, 1973. - Michel Guérard: *La Grande Cuisine Minceur*, 1976. - Paul Bocuse: *La Cuisine du Marché*. - Fredy Girardet: *La Cuisine Spontanée*. - Georges Pralus: *La Cuisine sous Vide*. - Jean Planche, Jacques Sylvestre et Edmond Neirinck: *La cuisine tradition et techniques nouvelles*, 1986. - Gabriel Larrose et Jean-Pierre Poulain: *Traité d'ingénierie hôtelière*, 1984. - Denis Poulain y Lionel Sannier: *Du neuf sur le plat. Premier livre de cuisine d'assemblage*, 1988. - Claude Fischler: *L'Homnivore*. O. Jacob, 1990.

Bibliografía

ARON J.P. *"Le Mangeur du 19ème"* R. Laffont, 1975.

BARRAU J. *"Les Hommes et leurs Aliments"* Temps actuels, 1983.

BEAUVILLIERS A. *"L'Art du Cuisinier"* 1814, reprint Morcrettes.

BERCHOUX J. *"La Gastronomie ou l'Homme des Champs à Table"*, 1800.

BLOND G. & G. *"Festins du tous les Temps"* Fayard, 1976.

BONNEFONS N. de *"Les Délices de la Campagne"*, 1654.

BRILLAT SAVARIN J.A. *"La Physiologie du Goût"* 1824, rééd. Champs Flammarion 1982.

CAREME A. *"L'Art de la Cuisine française au 19ème siècle"* Paris, 1833.

CASTELOT A. *"L'Histoire à Table"* Perrin, 1979.

CHATELET N. *"Le Corops à Corps culinaire"* Seuil, 1977.

CHATILLON-PLESSIS *"La Vie à Table à la fin du 19ème siècle"* Paris, 1894.

COURTINE R.J. *"La Gastronomie"* PUF, 1970.

CROZE A. de *"Psychologie de la Table"* Au sans pareil, 1928.

CUISENIER J. *"La tradition populaire"*, PUF., 1995.

DUBOIS U. & BERNARD E. *"La Cuisine classique"* Dentu, Paris, 1856.

DUMAS A. *"Le Grand Dictionnaire de Cuisine"* Veyrier, rééd. 1978.

ESCOFFIER A. *"Le Guide Culinaire"* Flammarion, 1902.

FAVRE J. *"Dictionnaire universel de la Cuisine"* Paris, 1883/1890.

FLANDRIN J.-L. & MONTANARI M. *"Histoire de l'alimentation"*, Fayard, 1996.

FRANKLIN A. *"La Vie privée autrefois"* Paris, 1889.

GOTTSCHALK A. *"Histoire de l'Alimentation et de la Gastronomie"* Paris, Hippocrate, 1948.

GOUFFE J. *"Le Livre de Cuisine"* 1884, reprint Baudoin 1980.

GRIMOD DE LA REYNIERE A. *"Ecrits gastronomiques"* 10/18, 1978.

GUY C. *"Histoire de la Gastronomie en France"*, Nathan 1985.

HEMARDINQUER J.J. *"Pour une Histoire de l'Alimentation"* Colin, 1970.

KEATCHA WEATON B. *"L'Office et la Bouche"* Calmann Lévy, 1984.

LACHAPELLE V. *"Le Cuisinier moderne"* Paris, 1735.

LA VARENNE F. *"Le Cousinier François"* Paris 1652, reprint Montalba 1983.

LEBAULT A. *"La Table et les Repas à travers les Ages"* Laveur, Paris 1910.

LEOSPO L. *"Traité d'Industrie hôtelière"* Andrau, 1918.

L.S.R. *"L'Art de bien Traiter"* Paris 1654, reprint Morcrette 1978.

MARIN F. *"Les Dons de Comus ou les Délices de la Table"* Paris, 1739.

MASSIALOT F. *"Les Cuisinier Royal et Bourgeois"* Paris 1691, reprint Dessagnes 1982.

MENON *"La Cuisinière Bourgeoise"* Bruxelles 1774, reprint Temps Actuels 1981.

MENON *"La Science du Maître d'Hôtel Cuisinier"* Paris, 1749.

MOULIN LEO *"Les Liturgies de la Table"* A. Michel, 1988.

NICOLARDOT L. *"Histoire de la Table"* Dentu, 1868.

NIGNON E. *"L'Heptameron des Gourmets"* Paris, 1919.

PARIENTE H. & TERNANT G. *"La Fabuleuse Histoire de la Cuisine francaise"* Odil, 1981.

PITTE J.-R. *"Passion"* Paris, Fayard.

POULAIN J.-P. *"Anthroposociologie de la Cuisine et des Manières de Table"*, 1983.

REVEL J.-F. *"Un Festin en Paroles"* J.J. Pauvert, 1979.

RIVAL N. *"Grimod de la Reynière: le Gourmand Gentilhomme"* Le Pré aux Clercs, 1983.

SERRES O. de *"Théâtre d'Agriculture"*, reprint C.P.B.F. 1979.

TERENCE J. *"Le monde de la grande restauration en France"*, L'Harmattan, 1996.

TIREL G. dit TAILLEVENT *"Le Viandier"* ¯1450, reprint Moncrettes.

VICAIRE G. *"Bibliographie gastronomique"* reprint Slatkine, 1978.

ZELDIN T. *"Histoire des Passions françaises"* Encre, 1979.

Índice de Biografías

Índice